명태균은 어떻게 대한민국의 정치를 뒤흔들었나?

변호사 노영희의 기록

브로커가 만든 정치
정치가 만든 브로커

정정현 묻고
노영희 답하고
안중걸 그리다

답

머리말

그날은 토요일이었다. 매일 너무 지쳐서 새벽에 쓰러지듯 잠이 들고 아침에 깨는 일이 반복되다 보면, 토요일은 마냥 늘어지기 좋고, 9시 이전에 오는 연락은 전혀 달갑지 않았다. 그런데, 그날 오전 8시 48분 정말 반가운 연락이 〈뉴스토마토〉의 최 모 정치부장으로부터 왔다.

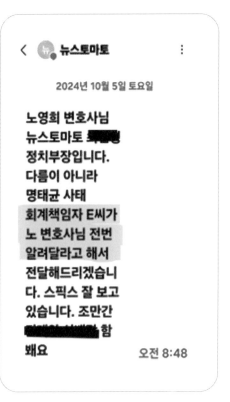

2024년 9월 19일, 뉴스토마토가 "2월 29일 지리산의 사찰 칠불사에서 개혁신당 이준석 의원과 A 의원, 김영선 전 의원, 명태균 씨가 '김건희 공천 개입' 폭로를 위한 논의를 했다"라고 보도한 이후 난리가 났다.

그리고 같은 달 23일, 명 씨는 자신의 SNS에 개혁신당의 천하람 의원과 이준석 의원이 칠불사 마당에서 홍매화를 심는 사진을 올리면서 "이준석과 천하람이 칠불사에서 삽질한 까닭은?"이라는 화두를 던지면서 대한민국을 뒤엎을 준비를 하고 있었다.

그가 올린 사진은, '2024년 3월 1일 새벽 4시 3분, 경남 하동군 화개면 칠불사'에서 천하람 의원이 땀을 뻘뻘 흘리며 열심히 삽질하고 있고, 한쪽에서 이준석 의원이 코에 손을 대고 이를 집중해서 바라보는 모습이 담겨 있었다. 일명 '이준석 코 파는 사진'은 이렇게 세간에 알려지게 되었고, 그날 이후 정국은 혼란의 도가니에 빠져들었다.

대통령실과 여권에서는, 명태균을 '천공 부류의 점쟁이' 정도로 치부하며 애써 의미를 축소하던 때였지만, 내가 진행하던 유튜브 채널 〈스픽스〉에서는 그때부터 명태균 씨를 집중적으로 인터뷰하며 방송을 내보내고 있었는데, 강혜경 씨가 명 씨의 인터뷰를 보고 본인도 인터뷰하겠다며 우리에게 도움을 청해왔다.

명태균과 강혜경을 둘러싼 게이트는 그렇게 시작되어 윤석열의 12.3 비상계엄의 단초端初가 되었다. 이 책은 그로부터 2025년 조기 대선 정국 이전까지의 기록을 담고 있다.

박근혜 때는 최순실게이트가 있었고, 이명박에게는 사.자.방(4대강·자원외교·방위사업)게이트가 있었다. 정치판에서 한 명이 제아무리 똑똑하다 해도, 누군가에게 의지하는 관계를 맺으면 그 관계를 통해 더 큰 영향력을 행사할 수도 있기에, 그 관계와 입지를 노린 제2, 제3의 명태균은 언제든지 나타날 수밖에 없다.

이 이야기는 협잡挾雜의 기록이다. 그 협잡의 배경은 욕망欲望과 이익利益이다. 정치인이 아닌 정치'꾼'들끼리의 협잡.

정치브로커가 나쁘냐 정치인이 나쁘냐 할 것 없이 둘 다 나쁜 것이다. 책임정치를 한다는 정치인들이 그런 짓들을 하면 안 된다는 것은 너무나도 뻔한 상식이다. 명태균게이트는 그 민낯을 고스란히 드러낸 것이다. 그전까지는 추정으로만 짐작하고 있던 일들이 확실히 모습을 드러낸 것이다.

사기꾼의 언어와 정말 열심히 일하는 좋은 정치인의 언어는 다르다. 사기꾼은 결론을 쉽게 내린다. 그 때문에 언제나 확신에 차 있고, 모든 것에 관한 답이 있다. 사기꾼은 과녁을 향해 화살을 쏘는 것이 아닌, 화살이 맞은 자리에 과녁을 그리기 때문이다. 하지만 정말 좋은 정치인은 섣부른 결론의 위험성을 인지하고 있기에 끊임없이 스스로 생각을 가다듬고 확신에 찬 말을 삼가며 자신이 발의한 법안을 되새긴다. 자신이 제안한 해결책의 불완전함을 누구보다 잘 알고 있기에 잘못이 있더라도 그것을 인정하는 데도 주저함이 없다. 아이러니하게도 사람들은 사기꾼의 말을 잘 듣고 열심히 일하는 정치인의 말을 잘 듣지 않는다. 좋은 정치인의 말은 듣기 불편하고 사기꾼의 말은 귀에 쏙쏙 들어오기 때문이다.

이제 우리는 곧 두 번째 조기 대선을 맞이해야 한다. 두 달 후, 당신이 선택하려는 후보가 작금의 시대정신을 어떻게 인지하고 있는지, 문제에 대한 해결책을 가졌는지, 이를 실행할 준비는 되어 있는지, 시민의 고통에 대한 공감 능력을 갖추고 있는지, 민주주의를 대하는 태도는 어떠한지 등을 찬찬히 살펴봐야 한다.

그러나 우리는 또 잊어버릴 것이다. 기억은 희미해질 것이고 모든 것은 과거의 일로 치부될 것이다. 이것이 내가 이번의 계엄과 탄핵까지, 그리고 명태균게이트의 기록을 남기는 이유이다.

4월 4일, 청명清明의 날
노 영 희

게이트는 왜 반복해서 일어나는가?

정당의 목적은 '권력 획득'이며, 민주주의의 꽃은 '선거'라고 한다. 그 말은 맞다. 그러나 그것이 정당정치의 본령本領은 아니다. 정당은 선거를 통해 권력을 잡지만, 정상적인 제도정치는 선거 이외의 모든 활동이며 선거를 통해 귀결될 뿐이다. 정당정치의 본령은 '사회적 가치의 권위적 배분'이다. 사회 제 계층과 집단 요구의 수렴과 갈등 해소도 바로 그로부터 가능하게 된다. 그 방식은 다양성의 이해와 존중이며, 대화와 타협, 이해와 관용, 그리고 소수의 존중에 기반한 다수의 결정이다. 이것이 바로 민주 사회의 바탕을 이루는 '민주주의의 4대 근본 요소'이다.

그간 한국 정당정치가 이런 동태적 정치 활동을 제대로 보여준 적이 없었다. 정당이 온통 선거에만 집중하고 매몰된 정치. 한편으론 정당이 정책을 내놔봤자 어지간해선 유권자에게 별 관심도 인정도 못 받는 현실. 그러다 보니 선거에서는 계속 그것을 활용하려고 하는 것이고, 더 유리하게 활용하고픈 마음에 의지하게 된다. 게다가 맹종적 지지집단의 세력이 커지면 커질수록 정책 따윈 안중에 없고 오직 열성 지지층의 입맛에 맞는 말과 이벤트로 정치 활동을 펼치기만 하면 된다고 착각한다. 정치브로커가 생존하고 번식하기 딱 좋은 한국적 토양이다.

정치브로커 세계는 주로 선거판에서 실적을 낳는 일로부터 비롯된다. 실적이 하나 생기면 화제가 되고 사람들이 모인다. 자석 같은 원리다. 자석이 뭉치면 뭉칠수록 더 많은 쇠 부스러기를 끌어당기게 돼 있다. 거기에 정치인들의 권위와 힘을 첨가해 버무리면 정치적 유착이 이루어지는 것이다. 이것이 한국에서 정치브로커가 힘을 얻어가는 과정이고, 정치브로커가 살아가는 방식이다.

한국에서의 선거판은 정치브로커들의 박람회이며, 정당은 정치브로커들의 경매시장이다. 그러다 보니 브로커가 정치인이 되고 정치인이 브로커가 되기도 한다. 하기야 대통령의 아내가 브로커와 다를 바 없을진대 더 말할 나위가 있겠는가? 정치브로커에겐 정치가 곧 벤처사업인 셈이다. 명태균이 만든 창원 산단도, 윤석열의 대왕고래 프로젝트도,

이명박의 사자방 비리사업과 박근혜의 미르재단 등만 봐
도 그렇다.

돌이켜보면, 박정희 정권기의 박동선 게이트를 비롯한 전
두환 정권기의 장영자 게이트, 이명박 정권기의 사.자.방
게이트, 박근혜 정권기의 최순실게이트와 같은 정치추문
사건이 끊임없이 벌어져 왔다. 명태균게이트도 내용과 형
식의 차이만 있을 뿐 정치 게이트로서 별반 다를 바 없다.

한국 정당과 정치인들이 자기 철학, 자기 정책이 없다 보니
의존하는 것이 대부분 돈과 조직, 인맥과 정보, 여론조사와
같은 것들이다. 이러다 보니 정치인들이 적당한 인맥과 정
보를 가지고 있는 브로커에게 달려가게 되는 것이다. 경쟁
자나 다른 정치인에 비해 이런 정보와 자료를 갖고 있으면
상대적으로 우월한 위치에서 자신을 돋보이게 할 수 있다
고 생각하게 되는 것이다.

온통 선거에만 집중하고 매몰된 정치. 정당이 정치의 본령
을 지키지 못하니 정치인들은 곧잘 상대방의 반사이익으로

정치적 지위를 영위하게 된다. 지지집단을 선무宣撫하고 동원하여 거수기 노릇, 홍위병 노릇, 나발수 노릇으로 헐뜯고 싸우게 만든다. 그리고 정치브로커들과 손잡고 정치공작에 몰두하게 되는 것이다. 정치 역량과 정당 운영 능력이 없으니 그렇고 철학이 없으니 그런 것이다. 모순되게도 그렇다면서 정치혁신을 부르짖고 적폐청산을 부르짖기만 해왔다. 민주주의의 근본 원리에 대한 인식과 동태적 정치에 대한 이해와 실천 없이 정당정치의 발전과 정치 개혁은 요원한 일이다. 정치브로커는 바로 그런 토양에서 생존한다.

따라서 선거가 아닌 일상 시기의 정책 연구-생산, 입법 활동으로서 지역과 국가 현안 분석 및 현장 감사 활동, 당원과 시민에 대한 민주주의와 정치 교육-훈련-연수 등이 의정활동과 더불어 치중되고 중심이 되어야 할 올바른 정당정치의 내용과 방식이자 정치 개혁의 방향이다. 그것을 위해서는 당 정책 연구기관과 교육 연수기관의 지위 격상과 예산 및 인력 충원, 정책연구원장과 교육연수원장의 책임과 권한을 강화해야 한다. 공천권도 당 대표나 지도부가 발휘하는 것이 아니라 지역의 당원과 민의를 수렴하는 방식을 기본으로 하여 당 정책-교육 · 연수기관이 함께 심사하여 결정하는 방식으로 되어야 한다. 그래야만 줄 세우기 같은 전근대적 정당 풍토를 바로잡고 당 대표의 전횡과 계파 정치를 극복할 수 있을 것이다. 그럴 때야 비로소 정치브로커가 한국 정치에서 설 자리를 잃게 되는 것이다.

봄이 오기 전
정정현

PART 01

노영희가 바라본
명태균과 강혜경

정치브로커 명태균은, 결국

우리 정치가 만들어 낸 독소를 먹고 자란 독버섯일지 모른다.

적어도, 명태균이라는 사람이 대한민국 정치를 어지럽힌 것이 아니라

명태균이라는 사람을 필요로 했던 잔인하고 파렴치한 정치꾼들이

대한민국을 망치고 망가뜨려 온 것

인간의 조잡한 욕망과 그것을 용인하는 사회가 만들어낸

괴물 같은 작동원리가 얼마나 부끄러운 일인지,

노영희의 기록을 통해 같이 깨닫게 되기를 희망한다.

1. 노영희가 바라본 명태균

윤석열은 하마다

"윤석열은 하마다. 하마는 시력이 안 좋지만, 까부는 걸 용서 못하고, 혹여나 공격당해도 피부 재생능력이 너무 좋다. 다만, 피부가 약해서 건기 때 이틀만 물이 없으면 피부가 말라버린다."
(2025. 3. 20. 명태균. 창원구치소 세 번째 접견 중 발언)

명 씨는 계속해서 윤석열에 대해 말했다.

"윤석열이 사고 치면 김건희가 해결한다. 김건희 처가는 하마의 피부다. 김건희가 공격받거나 언론에서 김건희를 물어뜯으면, 윤석열은 헛소리해서라도 자기에게 화살을 돌리게 만든다."

"충치가 있는 유일한 동물이 하마다. 하마가 충치 치료를 해야 하는데, 주변에 간신이 너무 많다. 최은순에게 처음 그 얘기를 했더니 감동해 내 명함을 달라고 했다더라. 간신이 윤 옆에 많은데, 사람에게 맞는 옷을 입혀야 하는데, 이 세상 역사 이래 충신이 아니었던 간신이 없다. 최은순이 그 얘기를 윤석열(윤 서방)에게 했더니 그 이후 윤석열이 화가 나서 나에게 전화해서 김건희와 장모에게 연락하지 말라고 소리를 쳤다. 그게 그 문제의 전화였다. 하지만 윤석열은 그다음 날 미안하다고 사과하더라."

윤석열이 왜 그렇게까지 김건희와 처가를 감싸고돌면서 자신을 망가뜨리고 대한민국을 망가뜨렸는지 명 씨의 설명은 간단했다. 자신을 돌봐주고 감싸는 데 참으로 유용하고 효율적인 피부지만 역설적으로 너무도 약한 자신의 피부, 오히려 그 피부로 인해 자신이 망가지는 김건희와 처가 때문에 그럴 수밖에 없었다는 것이다. 명태균의 전성기는 2020년경부터 2024년 2월까지였다.

정치적으로 몰락해가던 김영선이 창원으로 와서 자신과 인연을 맺으면서, 서울법대 출신의 변호사이자 엘리트 국회의원이었던 김영선을 매개로 유명한 정치인들과 줄을 만들어 나갔고, 남들은 상상도 못 할 참신한 방법을 제안하면서 결과물을 만들어 나갔다.

내가 만난 명태균은 매우 똑똑한 사람이었다. 사물을 보는 시각이 남다르고, 매우 직관적이었으며, 언변이 뛰어나고, 순간적으로 상황을 판단하는 능력이 아주 좋았다. 일반적인 사람들은 감히 엄두도 못 내는 편법과 탈법을 동원해서 상대방이 무엇을 원하는지 짚어내고, 문제를 해결하고, 달콤한 설탕 과자 같은 보상을 아낌없이 턱 밑에 가져다주는 사람이었다. 뜬구름 잡는 소리로 상대방을 현혹하고, 즉답을 피하면서 상황을 만들어 나가는 재주가 특이했다. 교언영색巧言令色에 능하면서, 적절히 강약을 조절할 줄 아는 사람이었다. 특히, 그는 절박한 사람의 심경을 본능적으로 낚아채는 신박한 기운이 있었다. 정치라는 마약에 중독된 사람들이 힘겨워할 때 덥석 손을 내밀어 그들을 구원해주는 구원자이기도 했다.

국회의원이 한 번도 못 되었던 사람은 '뭐 하러 그런 것에 목을 매나'라고 생각할 수 있겠지만, 한 번 당선이 되고 권력의 소용돌이 속에 발을 담그고 나면, 그때부턴 헤어 나오기 어렵고 중독되어 버린다고 한다. 하지만 그 자리를 노리는 사람들이 어디 그 사람 하나뿐이겠는가. 처음에는 달디

단 희열에 몸을 떨고, 그다음에는 권력이 주는 화려한 치장을 떨쳐 내지 못하고 희구希求하게 되는 것이다. 그러나 경쟁은 치열하고, 방법은 안 보이고, 거의 미치기 일보 직전에 지푸라기라도 잡는 심정으로 찾게 되는 구세주가 명 씨와 같은 정치 브로커였다. 내 목숨을 내주더라도 '당선만 되면 좋겠다'라는 생각에, 만나서는 안 되는 사람을 만나, 해서는 안 될 짓을 하게 되는 것이다.

명 씨 자신은 정치 브로커라는 말을 싫어하겠지만, 내가 보기에는, 그와 김영선의 관계, 혹은 그와 기타 정치인들과의 관계는 정치 브로커와 정치인 이상도 이하도 아니었다. 그들은 악어와 악어새처럼 서로를 증오하면서도 어쩔 수 없이 붙어 다니며 생존하려 몸부림쳤던 대한민국의 일그러진 자화상이었다. 오죽하면 명태균게이트를 세상에 처음 알린 강혜경 씨가 "명태균 씨가 하도 김영선에 대해 쌍욕을 하고 다녀서 견디기 힘들었다"라고 말을 했겠나? 실제 명태균 씨는 김영선 전 의원을 매우 답답해했었고, 김영선 전 의원도 명태균 씨를 싫어했던 것으로 보인다. 하지만 이들은 그럼에도 불구하고 떨어지려야 떨어질 수 없을 만큼 이해관계가 얽히고설켜 한 몸처럼 움직이게 되었고, 서로서로 이용하면서 생존해 갈 수밖에 없었던 것 같다.

송강호와 변요한 주연의 '삼식이 삼촌'이라는 드라마가 있었다. 들인 돈에 비해서는 흥행에 성공하지 못했다고 평가되지만, 삼식이 삼촌은 그 어지럽던 1960년대 초, 대한민국에서 정치 브로커와 엘리트 정치 초년생이 어떻게 공생하며 어떻게 망가지는지를 적나라하게 보여준 수작秀作이라고 생각한다. 정신없던 전후 대한민국에서 정치와 야합한 깡패 브로커가 어떻게 편법과 탈법을 저질러 대한민국을 좌지우지했는지 드라마를 보면서 배울 수 있었다. 삼식이 삼촌 송강호가 드라마에서 했던 행동들은 매우 부정의하고 매우 비도덕적이지만, 그는 전쟁 중에도 자신이 책임져야 할 사람들에게 하루 세끼는 반드시 먹인다는 철칙이 있었다. 그리고 그 철칙을 지키기 위해 자신이 하는 모든 일을 정당화시켰고, 소위 나라를 위해 정치'질'한다는 썩어빠진 정치인들을 적당히 이용하고, 그들에게 이용당해 가면서 생존해 나가고 있었다.

수준으로 따지면 100분의 1도 안 되겠지만, 어쨌든 명 씨도 그런 종류의 편법과 탈법을 마다하지 않는 정치 브로커였고, 그의 주변에는 정치 브로커 명 씨에게 목을 매는 정치인들이 수두룩했었다. 명 씨의 말에 따르면 자신은 죽어 가던 홍준표를 대구시장에 당선시키고, 10년 동안 정치 밑바닥에서 헤매던 오세훈을 구제해주고, 아무것도 이루지 못하고 정치판을 떠돌던 이준석을 만나 당 대표를 시켜줬다고 한다. 역시 끗발이 떨어져 변방을 떠돌면서 절박하기 짝이 없던 김영선을 만나 구제해주었고, 그 끈을 연결해 윤석열도 만나고 김건희도 만나게 되었다는 것이다.

그는 황해도 출신 피난민 명 씨의 후손이었다. 일찍이 어머니와 헤어지고 어려서 친척 집을 전전하며 힘들게 살았는데, 그래서 들었던 생각은 '내가 사람들에게 짐이 되는 존재인가?'라는 것이었고, 결국, '나는 남에게 폐를 끼치지 말자, 좋은 사람이 되자'라고 다짐하게 되었다고 한다. 그 점에서는 참으로 기특하고 대견한 인물이 아닐 수 없다. 생활력이 강했고, 늦은 나이에도 대학에 진학해 나중에 돈을 많이 벌게 되어서는, 그 대학에 큰돈을 쾌척하기도 했다. 어찌 보면 통도 크고, 사람들을 감동하게 하는 방법을 잘 알고 있는 인물이기도 했다. 그는 사람들이 자신을 선택하는 것이 아니고, 자신이 선택한다는 것에 자부심을 느끼는 것 같았다. 자신에게 도움을 청하는 정치인에게 통과의례처럼 묻는 말이 '당신은 왜 정치를 하려고 하나?'였다고 한다. 하지만 대개는 제대로 된 답을 하지 못했고, 그런 대표적인 인물 몇 명이 지금도 자기와 척지고 있다고도 했다.

"오바마가 미국에서는 그렇게 잘해도 대한민국에 오면 잘하지 못할 거다. 사람은 두 눈이 있어서 두 눈으로 세상을 봐야겠지만 사람은 왼눈이나 오른 눈 한쪽으로 보게 된다. 관념과 시차에 대한 사물을 대하는 차이가 있다. 나는 정치의 기술자일 뿐이다. 사람들은 총을 쏘면서 과녁을 맞히려고 하지만 나는 총 쏘면서 과녁을 옮겨버린다."

그의 말을 듣다 보면, 무슨 정치 철학자가 하는 말처럼 때로는 이해하기 어렵고, 때로는 알 듯 말 듯 애매하기도 했다. "사람은 소리를 귀로 듣지만 진짜 소리는 눈으로 보고 가슴으로 들어야 하는데 대부분은 본질의 소리를 못 듣는데 나는 본질을 꿰뚫어 볼 수 있다"라는 주장이었다.

"정치하는 목적이 뭐냐, 내가 누드김밥을 만들고 싶은지, 참치김밥을 만들고 싶은지 알고 만들어야 하지 않겠나? 오세훈을 만나서 정치가 뭔지, 오세훈의 이념과 정치철학이 뭔지 물었는데 대답을 못하더라. 그는 안 된다고 생각했다."

정치철학이 없고 이념이 없는 사람은 상종도 안 할 것처럼 말했지만, 오세훈 시장보다 훨씬 정치 구력이 약한 윤석열을 대통령으로 만들었다는 자부심이 엄청났다.

"윤석열을 처음 만났을 때도 그가 정치를 모르니, '거지가 왕이 되려면 먼저 거지가 되세요.'라고 했더니 수긍하더라. 사람들이 대통령은 1시간 중 59분을 이야기한다고 했는데 나한테는 안 그래서 놀랐다."

결국, 윤석열 전 대통령 부부가 자신을 알아봐 줬고, 특히 김건희와 그 모친이 자신을 인정해줘서 윤 씨를 대통령으로 만들어주었다는 것이 그의 주장이었다.

"내가 만난 사람 중 가장 존경할만한 인물은 김종인 전 비대위원장이었다. 그는 한마디를 하면 열 마디를 알아들었고, 매일매일 새벽 6시에 전화를 하면서 1분 이상 대화를 할 필요가 없을 정도였다. 나의 정치적 아버지이고 내가 존경하는 유일한 인물이었다." 창원구치소 1번 접견실에서 그가 늘 하던 말이었다. 오세훈과 홍준표에 대해서는 죽일 놈 살릴 놈 하면서 욕을 해댔지만, 김종인에 대해서는 한결같이 좋은 말을 했다.

내가 물었다. "하지만, 김종인 전 비대위원장은 명태균 씨하고 그렇게 친분이 없고, 별 사이 아니라고 관계를 부인했는데, 섭섭하지 않은가요?" 명 씨는 "다 이해한다"라고 말했다.

"김종인이 내 능력을 먼저 알아봤다. 김종인하고는 길게 말할 필요도 없다. 명 사장 앞으로 어떻게 될 것 같나. 이 질문 한마디에 한 마디 답만 하면 된다."

"지금 상황을 보면, 김종인 전 비대위원장뿐 아니라, 당신에게 그렇게 도와달라고 목을 매던 사람들 대부분이 당신을 부정하고 있는데, 이런 정치판을 보면 혐오스럽지 않은가요?"

나는 내심, 그가 이 대한민국 정치판의 아이러니에 대해 솔직히 대답해주길 바라고 속내를 물었는데, 그는 정치브로커, 혹은 자기 말대로 '정치 기술자'의 모범답안처럼 즉답했다.

"정치라는 게 원래 그렇다. 전혀 섭섭하지 않다. 정치인들 보면, 불쏘시개로 이용당하는 것일 뿐 박근혜 무죄 석방 외치고 했던 사람들이 지금은 윤석열을 옹호하고 있다. 정치하는 사람들은, 다른 사람들을 부추겨서 강성 발언하게 하고 나중에는 그것 때문에 평이 안 좋으니 공천을 안 해준다고 하는 것이다. 그런 게 정치다. 섭섭해할 것도 없다. 그 원리와 본질만 알면 된다."

"정치인은 깜냥이 되고 안 되고의 문제가 아니라, 그 뒤 배후가 누구인지가 중요하다는 게 세상의 원리이다."

2025년 3월 20일에 있었던 두 시간 반의 접견은, 그런 식의 선문답으로 가득 차 있었다. 강혜경 씨와 김태열 씨에 대한 부분만 빼면, 그날의 대화는 마치 득도한 사람의 그것처럼, 매우 관대하고 매우 여유로웠다. 하지만, 그런 여유는 이미 2025년 2월 말에 있었던 검찰 조사에서 그가 얻고 싶었던 것을 다 얻었기 때문이 아니었을까.

검찰과의 기묘한 동거?

처음에 내가 그를 접견했을 때만 해도, 혹은 두 번째 접견 때까지도, 그는 검찰을 욕해대고 있었고, 국민의힘을 비난하고 있었으며, 공수처의 특정 검사들을 고소한다고 난리를 치고 있었다. 민주당이 공익제보자로 지정해주면 자신이 알고 있는 모든 것을 진술하고, 대한민국에 정의를 찾아주겠다고 큰소리를 치면서 명태균 특검을 강력히 희망한다고 말했었다. 특히, 검사들이 한동훈 전 국민의힘 대표 라인으로 옮겨지면서 윤석열 전 대통령에 대해 칼을 겨눌 것이라고 했었으나, 창원지검의 수사가 중앙지검으로 옮겨지고, 검찰을 비난하던 그의 난폭한 언사에 검찰이 화답

한 이후 그는 갑자기 이전과는 다른 소리를 하면서 검사들을 감싸고돌았다.

"검사들은 나에게 원래 친절하게 대해줬었다. 나는 모든 것을 검찰에 진술했고, 검사들은 내가 한 말을 있는 그대로 받아들여 주더라. 내가 지난번에 검사들에 대해 했던 말들은 섭섭해서 그랬던 것이고, 특별히 그들이 뭘 잘못한 것이 아니었다. 특정 검사의 실명을 언급하면서 내가 했던 말은 화가 나서 그런 거고, 나름대로 사정이 있던 거였다."

"검찰은 오세훈을 정치자금법 위반으로 기소할 거다. 벌금 정도로 마무리되겠지만, 오세훈은 이제 끝이다. 하지만 홍준표에 대해서는 아직 정하지 않은 것 같다. 홍준표에 대해서는 검찰에서 수사하지 않고, 경찰로 넘길 거다."

"나는 이제 조금 있으면 석방될 것 같다. 그리고 나는 지난번에 구속의 실마리가 되었던 정치자금법 위반 혐의 말고는 어떤 것도 기소되지 않았다. 오히려 강혜경과 김태열이 큰 문제가 될 것이다."

"내가 가지고 있던 전화기에서 대통령 음성이 나왔는데 구속되었으니 검찰이 나를 기소할 수밖에 없지 않았겠나. 나는 요즘 검찰에게 많이 배웠다. 내 것을(범죄사실 관련 내용을) 그들이 끊어줬고."

그의 말을 100% 믿기는 어려웠지만, 분명히 기류가 달라졌다는 것을 확인할 수 있었다. 그는 너무도 자신만만하게 검찰과 자신이 화해했다는 것을 분명히 밝혔고, 정말로 검찰이 명태균을 대하는 태도도 많이 달라져 보였다. 그리고 그의 확언대로 2025년 4월 9일 그는 보석으로 석방되었다. 물론, 구속 기간이 얼추 6개월을 향해 가고 있었기에 시간이 가면 언젠가는 구속에서 풀려날 상황이었고, 그의 다리 상태가 별로 좋지 않았기에 보석 허가는 충분히 가능한 상황이었지만, 검찰과의 장밋빛 화해 무드가 반짝이던 상황에서 갑작스럽게 풀려나는 모습을 보니, '오비이락烏飛梨落'이 생각날 수밖에 없었다. 더욱이 당황스럽게도 그는 풀려나오자마자 뜬금없이 페이스북에 나를 고소하겠다고 선언하고 나섰다.

"콜로세움 경기장 철장에 145일 갇혀있던 굶주린 사자가 철창문이 열려 경기장 한복판에 뛰어나와 서 있다"라며, 자신 앞에 놓인 어떤 먹잇감을 먼저 물고 뜯어야 하냐면서 "거짓을 강요하지 말라"고 선전포고를 시작했다. 본인이 구속되어있는 동안, 민주당이나 진보 쪽에 국민의힘과 윤석열, 김건희 부부에 관한 것을 특검으로 밝혀내겠다고 했던 기존 태도와는 180도 달라져서, 이제 나는 구치소라는 궁박한 처지에서 벗어났으니 너희들과는 선을 긋겠다고 외치는 모양새였다.

정치적으로 문제가 될 만한 국민의힘 전, 현직 정치인들이 100명이 넘고, 최소한 30명의 이름은 당장이라도 줄줄 말할 수 있다고 하면서 그들과의 커넥션을 폭로할 것처럼 굴었지만, 보석으로 풀려나오면서 그는 완전히 달라졌고, 이제 그들에 대한 말은 단 한마디도 나오지 않을 것이다. 특히 그는, 출소하자마자 윤석열 전 대통령에 대해서 어떤 말도 하지 않겠다고 했다. 국민의힘 지지세가 강한 창원으로 돌아가 다시 그들과 손을 잡겠다는 의지의 표명이고, 자신의 생존 기반이 있는 곳에서 돌팔매를 맞을 짓은 하지 않겠다

는 의도로 보였다. 아마도 기존의 전향적인 태도를 심하게
바꿀 것으로 보인다. 이런 것이 '이 남자 명태균이 사는 법'
인 것일까?

민주당과 이재명 대표에 대한 두려움

명 씨는 원래 민주당과 이재명 대표를 별로 좋아하지 않았
다. 문재인 전 대통령에 대해서도 싫은 기색을 분명히 보였
었다. 문재인 전 대통령이 숲을 없애고 태양광 사업을 한다
고 100대 공약에 써서 싫었다고 말했고, 특히 대한민국이
먹고 사는 공약 자체가 없고 약자와 동행을 하지 않아서 불
쾌했다고 말했다. 공정이 중요한 키워드인데, 민주당 정권
에서는 그런 것이 없고 위선적이라고 말했다.

반면, 윤석열을 도와줄 때는 그가 공정과 상식을 외쳐서 좋
게 보았지만, 윤석열 옆에 달라붙어 있던 윤핵관들이 대통
령을 갉아 먹어서 화가 났다고 했다.

기존에는 자신의 황금폰에 있던 대통령 부부와의 육성 녹

음 존재 등 때문에 윤석열이 비상계엄을 선포한 거라는 취지로 주장했었지만, 이제 그런 얘기는 쏙 들어갔다. 다만, 박근혜 전 대통령이 탄핵당한 지 37일 만에 트럼프가 당선되었는데, 사이클이 돌고 돌아 이번에는 트럼프가 당선되고 한 달 만에 윤석열이 탄핵소추 됐다면서 전직 대통령들의 비극적 운명이 뭔가 유사하다는 걸 강조하기도 했다.

그러면서 극렬 보수주의자들의 태도와 마찬가지로, 이번 대선에서 대세가 기울어졌다는 점을 마지못해 인정하면서도 이재명 대표에 대한 적개심을 감추지는 못했다. 즉, 민주당은 '무지렁이 농민 정당'이고, 국민의힘은 '몰락한 양반 정당'인데 세상은 70%가 서민들이기에 '무지렁이 농민 정당'에 대한 지지가 있다고 주장하면서도 민주당에 대한 지지와 이재명 대표에 대한 지지는 별개라는 점을 계속 강조했다.

 실제 그의 말이 특별한 근거가 있는 것도 아니고 다 맞는 말도 아니다. 정치 브로커들이 하는 말을 과학적으로 분석할 필요도 전혀 없다. 오히려 그들은 자신이 지지하는 정치 성향의 사람들 대부분이 원하는 식으로, 직관적으로 사람들의 감성을 건드려 그럴듯하다고 느끼게만 하면 되는 것이다. 그렇기에 그는, 이렇게 엉망진창으로 망가진 현실 속에서도 자신의 정치적 기반을 배신하지 못하고, 현 상황을 버무려 그들이 원하는 말을 적당하게 해주면서 자신의 정치생명을 유지하려 하고 있었다. 정치란 이미지라고 하는데, 정치하고 싶어서 문턱이 닳도록 그의 집을 드나들었던 사람들이 '혹'할 수 있는 말을 해주기만 하면 정치 브로커로서 그의 생명은 유지되는 것이었기에, 구치소에 앉아있는 그 순간에도 그런 태도를 보였던 것은 아닐까?

자신이 구치소에 있는 동안, 밤 9시가 되면 TV도 못 보고, 인터넷도 할 수 없기에 정보가 없다고 했다. 자신이 그 안에 있는 동안은 까막눈이 되어 형세와 판세를 분석할 수 없다는 것이다. 하지만 이제 그는 온갖 정보가 넘쳐나는 바깥세상으로 나왔다. 오히려 이제는 더욱 현란한 말 기술로 민주당을 비난하면서 자신의 지역적 기반과 사람들을 현혹할 수 있을 것이다. 그가 구치소를 다녀왔다고 해서, 혹은 기소가 되었다고 해서 그에게 자신의 안위를 맡기고 싶은 정치인들이 그를 버리거나 찾지 않게 될까? 천만의 말씀이다.

이제 그는 더욱 신묘하고 더욱 색다른 방법으로 정치 기술자로서의 면모를 과감히 드러내게 될 것이다. 그동안 그에게 접근할 수 없었던 정치 초년병들이 오히려 더욱 적극적으로 그를 찾을지도 모르겠다. 그리고 그도 역시 구치소에서 보냈던 시간을 금과옥조 삼아 더욱 발전된 방향으로 자신의 가치를 드러낼지도 모른다. 정치가 존재하는 한, 대한민국에서 정치 브로커가 사라질 일은 전혀 없기 때문이다.

다만, 내가 그와 대화하면서 느낀 한 가지는, 민주당의 이재명 대표에 대해, 같은 진영의 정적들이나 보수 정치인들이 가지고 있는 기본 생각은 '이재명이라는 존재는 절대 이길 수 없다는 두려움'이라는 것이었다. 그가 절대 말하지 않았지만, 그들의 마음속 깊은 곳, 저 밑바닥에 깔린 '그 두려움'이라는 것은, 이재명이라는 존재가 가지는 '불사신적 본질'이었다. 즉, 10년 동안이나 자신들이 가지고 있던 온갖 힘을 다 동원하여 한 사람을 악마화시키고 그 주변 인물들의 삶을 지옥으로 만드는 일도 서슴지 않으며 집착했지만, 결국 이재명이라는 존재를 쓰러뜨릴 수 없었다는 것. 이재명이라는 존재는 아무리 말살시키고 싶어도 사라지지 않고 꺼지지도 않으며, 절대 쓰러지지 않는 것은 물론이고 영원히 소멸하지 않을 불사신적 존재가 되어버렸다는 것. 그래서 이제는 그 누구도 부인할 수 없을 정도로 엄청난 대권 주자로 자리매김해버렸다는 것. 그것을 이제 그들도 인정할 수밖에 없게 되었다는 것이다.

정치브로커란?

대한민국을 몇 년 동안 조용히 흔들어대고 사실을 왜곡시키며 본질을 흩트려왔으면서도 너무도 당당하게 큰소리를 치던 정치 브로커 명태균은, 결국 우리 정치가 만들어 낸 독소를 먹고 자란 독버섯일지 모른다. 적어도, 명태균이라는 사람이 대한민국 정치를 어지럽힌 것이 아니라 명태균이라는 사람을 필요로 했던 잔인하고 파렴치한 정치꾼들이 대한민국을 망치고 망가뜨려 온 것임이 자명해졌다. 변호사 노영희의 기록은 바로 그런 점을 지적하고자 만들어졌다.

왜 권력이 교체되어야만 하는지, 명태균게이트의 기록을 보면 단박에 알 수 있다. 윤석열 정권에선 정치가 어떻게 망가지고 희화화되었는지, 영남권에서 어떤 일들이 벌어졌는지, 국민의힘이라는 정당에서는 무슨 일이 벌어졌는지를 이 책에서 밝히고자 노력했다.

또한, 윤석열의 친위쿠데타와 특검 국면에서, 내란 세력 청산의 필요성이 대두되었다. 윤석열 김건희 부부가 12.3 비상계엄에 이은 친위쿠데타를 기도할 수밖에 없었던 배경은 명태균게이트를 통해서도 확인할 수 있다. 한덕수 권한대행과 국민의힘이 대통령 선거를 앞두고, 명태균 특검을 끝내 거부하고 있는 까닭이 정치 브로커 명태균과 윤석열 부부의 관계만 보더라도 충분히 드러나지 않는가.

이 지점에서 반드시 지적해야만 하는 한 가지는, 검찰 조직의 내막이고, 검찰개혁의 절박성이다. 창원지검이 담당해온 명태균게이트 수사에서 검찰은 왜 수사를 지연하고 강혜경과 명태균을 통제하려고만 했는지, 검찰 내부의 주도권 갈등은 어디서부터 비롯되었고, 지금 누구에 의해 변동이 이뤄지고 있는지를 반드시 확인해야만 할 것이다.
 마지막으로, 한국 사회가 정치 게이트의 연속으로 점철되고 있다는 점을 잊어서는 안 된다. 한국 정치에서 브로커가 생길 수밖에 없고 활개 칠 수 있는 배경은, 권력의 작동 속성과 한국 정당 정치의 내막을 통해 알 수 있다. 정치 브로커와 정치인의 커넥션이 이뤄지는 과정은 매우 사소한 것에서부터 시작되고, 아주 원초적인 본능에서 완성되고 있다. 그 본질은 생각만큼 거대한 것이 아니다. 인간의 조잡한 욕망과 그것을 용인하는 사회가 만들어낸 괴물 같은 작동원리가 얼마나 부끄러운 일인지, 변호사 노영희의 기록을 통해 우리 모두 같이 깨닫게 되기를 희망한다.

2. 노영희가 바라본 강혜경

"빨간 옷 입은 여성, 당신은 누구예요? 고발하겠습니다."

그녀는 키가 컸고 당차 보였다. 자기 확신이 있었고, 무엇이 옳은지 무엇이 틀리는지, 앞으로 무엇을 어떻게 해야 하는지를 정확히 알고 있었다.

"제가 잘못한 부분이 있으면 그에 상응하는 처벌을 받는 것은 당연하다고 생각해요. 그런 건 두렵지 않아요. 다만, 진실이 묻히고 잘못한 사람들이 그 잘못을 깨닫지 못할까 봐서 걱정이에요."

"명태균 씨가 김영선 전 의원을 위해 엄청나게 노력한 것도 사실이지만, 김영선 전 의원을 당선시켜 자신의 사리사욕을 채우려고 김 전 의원을 이용한 것도 맞죠. 창원 시내 카페에서 큰 소리로 김 전 의원을 욕하고 민망하게 행패 부리는 걸 본 게 한두 번도 아니고, 너무 부끄러워서 얼굴을 못 들 지경이었지요. 대통령 부부가 자신의 뒷배라는 것을 명확하게 인식시켰고 통화 녹음을 들려주면서 동네방네 소문내고 다니고, 누구도 명 씨를 건드리지 못할 정도로 위세가 대단했어요."

"윤석열 대통령을 위해 81번이나 여론조사를 했고, 여론조사를 조작해 당원들과 유권자들, 그리고 여론을 흔들어 댔고, 결국 그렇게 해서 선거에서 이기게 하고는, 여론조사비용 대신 김영선 공천을 대가로 받은 겁니다."

"이준석 의원을 당 대표로 만들면서 차기에는 그를 대통령으로 만들겠다고 했었고, 오세훈 시장을 처음에 서울시장으로 당선시키면서 엄청난 기대를 했다가 결국 배신당하고 양아치, 쓰레기라며 욕을 하고 다녔어요. 홍준표 씨도 마찬가지였고, 국민의힘 전, 현직 의원들 이름만 거론해도 몇십 명은 되고, 명 씨가 그들을 위해 정확히 무슨 일을 어떻게 했는지 자료로 다 있습니다."

대한민국 대통령과 국회의원들이 어떻게 만들어지는지 늘 궁금했던 나에게, 그녀는 '그 대단한(?) 정치인들'은 '단 한 명의 정치 브로커 명태균'으로부터 만들어졌고, "명태균은 이를 엄청난 여론조작과 거짓말, 사기 등으로 해냈다"라고 고백하고 있었다.

대한민국이 통째로 터져버릴 수도 있는 이 엄청난 사실을 덤덤하게 말로 풀어내는 그녀를 보면서, '정말 당찬 여성이다'라는 생각하지 않을 수가 없었다. 2024년 11월 1일 대통령실을 상대로 한 국회 운영위 국정감사에서 국민의힘 임 모, 강 모, 배 모 의원 등이, 이른바 명태균 리스트 25인 명단과 관련해 거친 공격을 퍼부어댔다. 특히 민주당 김성회 의원 질의 때 내가 했던 귓속말을 트집 잡아 난리를 칠 땐 애써 닭똥 같은 눈물을 참아가며 그 힘든 시간을 견뎌내기도 했다.

법사위 국감과 달리, 운영위 국감은 민주당 박찬대 위원장이 너무도 점잖게 진행했던 탓인지 국민의힘 의원들의 공격이 지나치게 거칠었다. 그날은 아침 10시부터 자정이 넘어서까지 강행군으로 진행되면서 강혜경의 증언 한마디 한마디에 모두 촉각을 곤두세우고 있었다.

특히, 그들은 윤석열과 김건희 부부에 관해 부정적인 발언이나, 공천 관련 비리를 폭로할까 봐 강혜경 씨의 발언에 매우 민감해하고, 위증의 빌미를 잡으려고 혈안이 되어 있었다. 당연히 강혜경 씨 변호사로 곁에서 밀착 마크하며 조력하는 나를 몹시도 고깝게 여겼다.

김성회 의원의 질의 시간에 강혜경 씨의 답변이 법사위에서 했던 증언과 약간 다르게 느껴져, 귓속말로 '지난번과 다르게 들릴 수 있으니 보충설명이 좀 더 필요하겠다'라고 알려주고, 당시 질의를 했던 김성회 의원에게 "증인이 미처 못한 말이 있어서 추가로 하고 싶어 한다."라고 말했던 것이 화근이 되었다.

국민의힘 운영위 간사였던 배준영 의원이 갑자기 이의를 제기하더니, "빨간 옷 입은 여성은 누구인데, 증언과 의원에게 귓속말하는가? 의원과 증인에게 코치하는 건가? 고발하겠다."라며 소리를 지르며 국감을 중단시켰다. '위증의 위험을 방지하고자' 지난 법사위 때의 말과 운영위 때의 말이 '달리 들리지 않게' 한 것뿐이라고 설명했으나 그는 막무

가내로 소리쳤다. 나는 사실 배준영 의원을 그날 처음 봤고 그날은 일부러 그들이 좋아하는 빨간 옷을 입고 갔었는데, 배준영 의원이 "빨간 옷 입은 여성은 누구냐?"라면서 송영길 전 대표의 소나무당 비례 1번 노영희가 사실을 왜곡시키고 국회를 능멸한다는 식으로 억지를 부렸다. 그는 국민을 아래로 봤고, 자기가 제일 잘났고, 혼자만 똑똑한 사람이었다. 본인이 뭐라도 되는 양, 교만을 떨었다. 다음 총선 때는 그 사람이 나오는 지역구에 쫓아가서 낙선 운동이라도 해야겠다고 속으로 중얼거렸다.

급기야 내게 "변호사 자격증은 있느냐, 제대로 허락받고 국회에 들어온 것이냐?"라는 험악한 말까지 해대며 분위기가 갑자기 이상해졌다. 나도 지지 않고 "고발하세요. 의원님들께서 오해할만한 행동으로 물의를 일으키게 되어서 유감이지만, 그러한 주장은 과하고, 모욕적이다. 고발할 테면 하시라"라고 맞받아치면서, 강 씨의 얼굴을 보았다. 너무 놀라고 흥분하여 상기된 그녀의 표정엔 노골적으로 불편한 기색이 역력했다. '아뿔싸, 내가 지금 여기서 이러면 안 되는데.... 의뢰인을 안심시켜야 하는데....' 싶었다. 그때야 상대방의 도발을 도발로 받아들이지 못하고 화를 냈던 내가 어리석게 느껴졌고, 새벽 2시까지 이어진 그날의 증언은, 증언대에 선 강 씨를 안심시키고 정신적으로 지지해주는 것으로 끝내게 되었다.

국감이 끝나고 강혜경 씨가 증언하면서 공개하겠다고 했던 25명의 전·현직 국힘 정치인 명단을 공개하고, 집으로 돌아왔는데, 그다음 날은 그 명단을 가지고 또 난리가 났다. 명단에 이름이 포함된 사람들은 "본인의 이름을 왜 넣었느냐, 나는 아니다" 부인하기에 바빴고, 화를 내는 사람들도 있었으며, 법적 조치를 운운하는 사람들도 있었다. 하지만 결국 그 정도 해프닝을 끝으로 그 명단에 이름이 올라간 사람 그 누구도 나나 강 씨를 고소하지는 않았다. 아마도 그들 역시 쓸데없이 사건이 확산하기를 바라지는 않아서였을 것이다.

강혜경이라는 사람은

강혜경은 그런 사람이었다. 끝까지 자기의 주장을 굽히지 않았다. 하지만 그런 고집이 오히려 자기 뒤통수를 때리는 경우가 많았던 것 같았다. 그녀는 처음부터 검찰을 너무 믿고 있었다. 검사들은 원래 변호사가 동석하여 피의자들을 보호하는 걸 달가워하지 않는다. 자신들이 쉽게 구슬릴 수 있고, 본인들이 원하는 바대로 진술하게 만들 수 있는 피의자라도 변호사가 붙어 있으면 갑자기 입을 닫아버리고 까다롭게 굴기 마련이다. 안 그런 사람들도 많지만, 일부 검사들은 변호사와 의뢰인을 이간질하기도 했다. 이번 사건에서 특히 검사들의 그러한 태도가 역력했다. 처음에 정치자금법 위반으로 배모 씨, 이모 씨 등과 함께 김영선, 명태균 씨가 기소되었을 때만 해도 강 씨는 보호가 되었었다. 기소되지 않았다. 그러나 강혜경 씨는 그 과정에서 너무 안심했던 것 같았다. 검사를 자기편이라고 믿었다. 명태균 씨 측에서 매우 분노했고, 막말이 쏟아졌다. 그동안 감춰졌던 사적인 측면에서의 인신공격도 터져 나왔다. 많은 상처를 받았을 것이다. 그러다 결국 검사는 강 씨에 대해 3가지 범죄 혐의로 기소를 하고 명 씨에 대해서는 혐의없음, 불기소 처분해주었다. 믿었던 검찰에 대한 분노가 극에 달했고, 뒤통수를 세게 얻어맞은 그녀는 망연자실할 수밖에 없었다.

사실 강혜경 씨는 아이를 4명이나 키우는 말단 공무원의 아내였다. 자신이 돈을 벌지 않으면 경제적으로 매우 힘든 상황에 부닥칠 것이 당연했다. 그런 상황에서 그녀가 오랫동안 근무했던 직장의 상사들과 다툼을 벌였고, 돈 문제로 인한 송사가 시작되었다. 한두 번은 속았을 것이고, 알면서도 불의에 응했을 것이다. 그러다 사달이 나게 된 거였다.

김영선이라는 '대단한' 국회의원이 시키는 대로, 명태균이라는 희대의 정치 브로커가 말하는 대로 "우리가 죽으면 너도 죽으니 모든 것은 네가 덮어쓰는 것이 좋지 않겠냐? 우리가 살아야 너도 계속 일거리가 있겠지"라는 식의 말을 믿었을 것이다. 하지만, 2024년 총선에서 김영선이 공천에서 탈락하면서 사정은 바뀌어 갔다.

그녀가 대신 덮어썼던 어두운 그림자는 그대로 그녀에게 철퇴가 되어 돌아왔고, 남은 것은 빚뿐이었다. 부동산 재산만 100억 가까이 된다는 서울법대 출신의 5선 국회의원 김영선은 자신의 선거 비용마저도 남의 돈을 빌려 치렀고 명태균과 함께 몰락해갔다. 자기 코가 석 자인데 강혜경을 구해줄 여력은 없었을 것이다. 오히려 많은 사건에서 몸을 사리고 자기 혼자 살 방법을 찾았을 것이다. 오래도록 쌓아 왔던 그들의 관계는 한순간에 무너졌고, 결국 사상누각에 불과한 허깨비 놀음에 패악질만 남은 격이었다. 돈을 내놓으라는 내용증명이 오갔고, 여론조작을 누가 했는지 책임 전가가 이어졌다. 선관위와 검찰에서 오라 가라 하자, 서로 발을 빼기 급급했다.

이 상황에서 아무런 힘도 없는 회계책임자 강혜경이 살길은 하나뿐이었다. 여론을 이용하는 것. 〈뉴스토마토〉를 믿고 모든 것을 고백했지만 여론도 마음대로 되는 것은 아니었다. 더디고 더딘 진실 공방의 시간 속에서 그녀는 지쳐갈 수밖에 없었다. 그 상황에서 내게 도와달라는 외침을 했던 그녀를 외면할 수 없었다.

언론은 함부로 믿어서도 함부로 버려서도 안 되는 조직이었다. 뉴스토마토와 같이 작은 언론사에서 기사를 쓴다고 해서 KBS, MBC, JTBC 등 거대 언론사가 따라서 보도하는 것도 아니다. 내 전략은 명확했다. 초보 제보자들은 이

때 실수를 많이 한다. 갑자기 언론이 관심을 보이게 되면 혼자 동굴 속으로 숨어버리고 자신이 상대하기 쉬운 특정 언론사하고만 얘기하게 된다. 그러면 타 언론사는 손을 놓거나 적대감을 느끼게 된다. 이런 것을 막아야 한다. 너무 많은 인터뷰를 남발해도 안 되고, 너무 숨어버려도 안 되는 것이다. 한두 개 언론사에만 소스를 제공하는 것이 가장 나쁘다. 적당한 노출을 하면서 다른 언론사에도 골고루 자료를 제공하는 것이 낫다고 생각했다. 특히 이슈는 대형 언론사가 끌고 가는 것이 현실이므로, 그들이 흥미를 잃어버리게 만들면 안 된다는 나름의 전략도 있었다. 또 국회에도 상황을 알려 상대방이 치고 들어올 때 바람막이가 될 수 있도록 미리 보호 장치를 마련하는 것도 필요했다. 그 와중에 경제적 곤궁 상황에 부닥친 강 씨를 외면해서도 안 됐다. 창원에서 서울까지, 왔다 갔다 하면 꼬박 하루가 걸린다. 거기에 교통비와 식사비만 해도 수십만 원은 금방 사라졌다. 아이들 넷을 키우는 실직자가 편하게 오갈 수 있는 상황은 아니었다. 함부로 모금할 수도 없었다. 복병이 어디에 숨어있을지 알 수 없었기 때문이다.

모든 것을 조율한다는 것은 쉽지 않았고, 그만큼 힘이 들었다. 하나하나 자료가 나올 때마다 그 자료가 어떤 맥락에서, 어떻게 나온 자료인지 기자들에게 구체적이고 자세하게 설명해야 했다. 기자들은 깐깐하게 팩트체크를 했고 스스로가 이해되어야만 다음 단계로 넘어갈 수 있었다. 지나치리만큼 크로스체크를 해댔다. 강 씨는 기자들의 전화를 받지 않았고 모든 것은 내가 해결해야 할 몫이었다. 너무 힘들었고, 나도 지쳐갔다. 하지만, 어쩔 수 없는 노릇이었다. 그렇게 나는 하나씩 실마리를 찾아가고 사건의 실체적 진실과 변론을 정리해 들어갔다.

PART 02

뜻밖의 만남,
명태균 VS 노영희

이 사람들에게는 선善과 악惡의 개념 자체가

전혀 중요하지 않은 거예요.

그걸 이용해 뭔가

결과물을 만들어낼 수만 있으면 된다는 거죠.

그게 바로 그들이 살아가는 방식인 거죠.

돈을 위해서라면

수단과 방법을 가리지 않고 해도 된다는 게

그들의 마음이었겠죠.

1. 명태균게이트, 한국 정치를 뒤흔들다

정정현 : 명태균게이트라 불리는 이 사건이 대한민국에 어떤 영향을 미치고 있는지 이야기해보겠습니다. 먼저, 강혜경 씨는 어떻게 만나게 됐나요?

노영희 : 강혜경 씨에게 먼저 연락이 온 거죠. 〈뉴스토마토〉의 모 차장님이 연락이 와서 "강혜경 씨가 변호사님을 만나고 싶어 합니다. 변호사님의 도움을 받고 싶어 합니다"라며 연락이 왔어요. 그때 유튜브 채널 〈스픽스〉의 전계완 대표님이 명태균 씨와 전화 통화하면서 인터뷰한 것들이 몇 번 나갔거든요. 그래서 강혜경 씨가 스픽스에 출연하고 싶다고 그랬어요. 제가 진행하는 '역전의 용사들'이라는 프로그램이었는데 강혜경 씨와 전계완 대표 그리고 저와 셋이 같이 만나게 됐고, 강혜경 씨가 변호를 맡아 도와주었으면 좋겠다고 해서 그렇게 한 거죠.

정정현 : 강혜경 씨는 어떤 이력의 사람입니까?

노영희 : 고등학교 졸업 후, 경제적으로는 그리 넉넉하진 못했지만 평범하게 살았고, 여러 가지 일을 많이 하며 살았던 사람인 것 같아요. 그런데 그 사람이 명태균 씨를 만나같이 일하면서 신뢰를 얻었던 것 같아요. 명태균 씨는 시골에서 소 키우며 살다가 2016년도부터 전화번호부 책 광고 사업을 하면서 강혜경 씨를 만나게 되었다고 합니다. 명태균 씨가 말을 워낙 현란하게 하고 다니니까 이 사람이 뭔가 굉장히 잘하는 사람인 것처럼 알려졌던 것 같아요. 아마 2010년 초반부터 정치권 여기저기에 기웃거리면서 자기 PR을 굉장히 잘했던 사람인 것 같아요. 미래한국연구소의 소장으로 있었던 김태열 씨의 말에 따르면, 2016년 국회의원 선거에서는 당시 경남 부지사였던 윤한홍(당시, 경남 창원시 새누리당 3선 국회의원)을 당선시켰대요. 자신의 방식대로 선거 여론조사를 제안해서 당선시켰다고 합니다.

정정현 : 명태균과 김영선은 어떻게 해서 그토록 긴밀하게 연결이 될 수 있었는지 궁금합니다.

노영희 : 당시 안홍준 의원(경남 창원/마산)이 3선의 친박 최

고 실세였는데, 윤한홍은 "무슨 소리냐? 내가 어떻게 되겠냐? 당연히 안홍준이 되겠지"라고 했지만, 명태균이 끝까지 설득해서 결국은 윤한홍을 당선시켰다는 거예요. 그러니 사람들이 너무 놀랐을 거 아니에요? 당시 명태균 씨가 운영하던 회사가 '시사경남'이라는 언론사 겸 여론조사회사였는데, 2017년엔 김경수 경남도지사가 '드루킹 사건'에 연루되어 그만두게 되자, 김영선 전 의원이 경기 고양병 지역구 공천에서 낙천한 뒤 김 도지사가 드루킹 사건으로 구속되어 무주공산이 된 경남도지사 자리를 노리고 창원으로 내려왔대요. 그리고 윤한홍을 당선시켰다는 명태균의 소문을 듣고 찾아가 본인의 출판기념회를 맡겨 진행했는데, 창원 지역의 유지와 힘깨나 쓴다고 알려진 사람들을 대거 초청하는 등, 성황을 이루게 했답니다. 그전에 3선의 친박 실세를 꺾고 윤한홍 의원을 당선시킨 경험이 있었으니 그런 것이 가능했겠죠. 그때부터 명태균 씨는 윤한홍, 김영선 같은 사람들하고 깊은 관계를 맺게 됐죠.

제가 확인한 자료에 의하면 (이 부분에 대해서는 명태균 씨가 다른 말을 할 수도 있습니다만) 당시, 자유한국당 대표가 홍준표였는데 경남도지사 보궐선거에서 김영선이 아닌 김태호를 전략공천 해줬어요. 김영선은 일부러 창원에 내려와서 출판기념회도 하고 경남도지사 선거를 준비해 왔는데 그렇게 되니 완전히 열 받지 않겠어요? 김영선은 그때부터 뭔가 더 확실한 기반과 끈이 있어야겠다고 생각하고 자신의 5촌 당숙인 김태열 씨를 명태균의 '시사경남'에 취업시켰답니다.(이 부분은 김태열 씨와 명태균 씨 주장이 서로 엇갈리고 있지만, 재판 중이니 추후 사실관계가 밝혀지겠죠). 거기서 명태균의 네트워크나 돌아가는 방법을 잘 지켜보며 명태균이 확실하게 자신을 도울 수 있도록 해달라는 것이었죠. 김태열 씨는 이후 명태균이 세운 여론조사회사 〈미래한국연구소〉의 소장을 맡게 되죠.

정정현 : 명태균이 김영선을 만날 당시, 명태균의 경제 사정이나 사업은 형편없이 어려웠다고 하던데 실제로 어땠나요?

노영희 : 김태열 씨가 '시사경남'에 취업해 보니, 시사경남이 사실은 다른 사람의 명의로 운영되고 있었고 그 실세가

명태균이었다는 거죠. 겉으로 보기에는 뭔가 엄청나게 잘 나가는 사람처럼 보였는데 실제로는 엉망진창이더라는 거죠. 어쨌든 김태열 씨는 명태균 씨가 시키는 대로 일하며 뭐든 하라는 대로 했다는 거예요.

김영선이 명태균의 사무실을 인수하는 과정에서 너무 힘들었다고 해요. 곳곳이 엉망이다 보니 몇 년 동안 소송이 잇달았다고도 해요. 어쨌든 김태열이 김영선에게 중간에서 모든 걸 보고하고, 지시받고, 처리해가면서 어쨌든 김영선의 사무실로 만들어요. 명태균은 그 사무실 한쪽 자리에서 자기가 하던 사업을 계속하는 조건이었죠. 김태열의 얘기로는 자기가 아는 사람들에게 돈 끌어다가 이것도 막고 저것도 막아가면서 밀린 빚이든 문제가 되었던 사건이든 다 정리했다고 해요.

정정현 : 김영선이 당시 자유한국당 홍준표 대표로부터 당원권 정지까지 당한 까닭은 무엇이었나요?

노영희 : 김영선의 입장으로선 2년 후 총선에 나가야 하는

데 명태균이라는 사람이 윤한홍도 당선시키고 능력은 좀 있는 것 같으니 그 능력을 이용하기 위해 빚도 갚아주고, 사무실도 인수해주고, 남은 문제들도 해결해 주게 된 거죠. 중요한 건, 김영선이 단순히 그 차원에 머무르지 않고 명태균에게 점점 깊이 의지하게 되고 빠져들게 된 거죠.

그렇게 몇 개월 지나, 2018년 7월 노회찬 의원이 갑자기 돌아가시면서 창원시 성산구에 보궐선거가 벌어지게 됐어요. 그때 보궐선거에 김영선 의원이 출마하려고 했는데, 또 홍준표 대표가 자신의 최측근 중 한 명인 조진래를 전략공천 해버린 거예요. 자유한국당 쪽에선 조진래와 무소속으로라도 나가겠다는 안상수가 단일화하느니 마느니 그러고 있고, 홍준표 대표는 김영선에게 줄 생각이 전혀 없는 상황이었던 같아요. 그런데도 명태균은 2014년부터 홍준표와 만나게 되고 친하다고 생각해서 김영선에게 공천을 달라며 청탁하던 상황이었다는 거죠. 그런데 난데없이 김영선 혼자 동상이몽에 빠져 먼저 단일화 동참 기자회견을 해버린 거죠. 그러니 홍준표가 열 받아서, 당원권을 정지시키고 쫓아내 버리려고 난리가 났다는 겁니다. 김영선은 경남도지사 선거 때문에 내려갔는데 그때도 공천에서 배제되고, 창원 성산 보궐선거 때도 공천 배제, 그러다 보니 몇 년 내내 아무것도 못 하는 상황이니까, 자유한국당에 대해서 반감이 많이 쌓이게 된 거죠. 김영선으로선 두 번씩이나 홍준표 대표에게 물먹으니까 화가 날 대로 난 거죠.

2. 브로커가 만드는 선거판

정정현 : 명태균이 당시 대표 친박이라는 조원진 씨와도 작업을 했다던데, 어떤 작업이었나요?

노영희 : 이 내용은, 조원진 전 의원에게 확인한 내용은 아니라 조심스러운 부분입니다. 명태균 씨나 관련자들이 해당 내용을 부인할 수도 있으니 책을 읽으시는 분들께서 그 부분에 대해서는 개인적으로 판단하시고 이해를 해주셔야 할 것 같아요.

어쨌든, 당시 상황을 종합해서 정리해보면, 자유한국당에서는 조진래 후보가 사망하면서 강기윤 후보가 출마하고, 정의당에서는 여영국 후보가 나왔대요. 당시 박근혜의 탄핵 바람이 거세게 불고 있을 때니까 친박 조원진 전 의원이 자유한국당을 탈당하고 대한애국당(우리공화당의 전신)을 창당해서 박근혜 탄핵 반대 운동을 펼치면서 세를 모으던 때였어요. 김영선은 원래 조원진과 자유한국당에서 가까운 사이였기에 조원진 전 의원이 김영선을 통해 명태균을 알게 돼요. 그런데 조원진 입장으로는 기본적으로 박근혜를 탄핵한 원흉(?)과는 손잡을 수가 없으니 자유한국당이 떨어지기를 바랐다는 거예요. 조원진은 대한애국당 후보가 안 될 걸 알면서도 진순정이라는 사람을 공천해 당시 창원 성산 보궐선거에선 보수 후보들끼리 난리가 난 거예요.

조원진은 그때 명태균에게 여론조사를 시켰대요. 그리고 진순정이라는 이름을 알리는 조사를 계속 반복해서 돌렸다는 거예요. 어쨌든 경남 창원의 사람들의 바닥 정서가 탄핵을 반대하는 보수층이 많으니 탄핵을 반대하는 것만이 유일한 공약이다시피 한 대한애국당에 상당히 호응하는 거죠. 결국, 자유한국당과 정의당 후보 간의 피 말리는 접전 끝에 불과 504표 차로 막판 역전에 성공한 정의당 여영국 후보가 자유한국당 강기윤 후보를 누르고 당선됐어요.

대한애국당 진순정 후보는 1%도 안 되는 0.89%지만 838표를 얻어 자유한국당 강기윤 후보를 떨어뜨리는 결정적인 방아쇠 역할을 한 것이죠. 자유한국당을 떨어뜨렸으니 성공한 셈이죠. 명태균은 여론조사를 이용해 대한애국당 후보의 인지도를 높여갔던 것이고…. 하지만, 명태균 씨는 자신이 여론조사에서 조작을 한 부분은 없다고 주장하고 있고, 조원진 전 의원측도 이 부분은 부인할 것으로 생각합니다.

정정현 : 그때가 명태균이 선거 브로커로서 본격적으로 이름을 날리게 된 때였던가요?

노영희 : 명태균은 그런 식으로 여론조사를 해온 것 같아요. 이런 방법은 꽤 창의적이고 어떻게 보면 신선(?)하기도 했어요. 사람들이 처음엔 진순정이라는 사람을 전혀 몰랐는데도 여론조사를 반복적으로 돌리니 인지도가 높아지고 그 표가 자유한국당의 표를 갉아먹게 될 테니까요. 그리고 이런 과정을 지켜보던 김영선은 예전 윤한홍의 당선 과정에서부터 보궐선거까지의 과정을 지켜보면서 '명태균은 진짜 마음만 먹으면 다 하는구나.' 하고 엄청나게 놀랐다는 거예요. 주변 사람들도 전부 다 "명 박사는 정말 대단한 사람"이라고 극찬했고, 그때부터 김영선과 명태균은 아주 돈독한 관계가 된 거예요.

명태균도 계속 그런 성과들을 얘기하면서 "난 이런 사람이니까 나를 믿어!"라며 으스댔고 김영선에겐 '당신은 아무것도 모르는 바보(?)니까 내 말만 잘 들어'라는 식으로 공박攻駁 하면서 "당신이 잘되면 우리가 앞으로 손을 잡고 더 크게 해보자"라며 계획을 내밀고 지시하듯 그대로 하라고 주문하곤 했답니다. 그리고 그 소문들을 전해 들은 다른 사람들이나 정치를 하고 싶은 사람들이 명태균 주위로 몰려들기 시작한 거랍니다.

명태균은 그야말로 정치 브로커가 되어버린 거예요. 그 와중에, 선관위에서 계속 고발당해 재판도 여러 차례 있었대요. 김영선이 변호를 해준 것도 있고요.

김영선은 원래 자기 지역구 (경기 고양 병)에서 정치 신인인 김현아에게 밀려나고 더는 본인의 정치적 미래가 없다고 생각하고 있었는데, 창원 지역이 보수 쪽에서는 정치적으로 무주공산이 되었다고 판단하여 내려가 보았으나 자기 생각대로 잘 안 풀렸던 거죠. 그런데 명태균을 알게 되고 그가 그 지역에서 영향력을 행사하며 뭔가 하나씩 이뤄나가는 걸 보여주니까 완전히 의존하게 된 거죠. 더구나 명태균이 자신이 아는 사람들을 김영선에게 소개해주면, 그 사람들은 명태균 잘한다는 말밖에 안 하겠죠. 명태균을 비난하는 사람들을 만나지는 못했을 것 아니에요? 그러니까 김영선 눈엔 더더욱 명태균 밖엔 안 보이게 되어버리는 거죠.

정정현 : 그렇게 찰떡궁합이었던 강혜경과 명태균은 왜 서로 갈등하고 반목하게 되었는지요?

노영희 : 김영선은 돈이 많은 데다 국회의원까지 됐는데도 사실 돈을 진짜 안 쓴대요. 자기 돈은 한 푼도 안 들이고 뭘 하려고 하는 성향인 데다, 명태균도 그런 심리를 이용해 자꾸만 부추긴대요. "당신 돈 필요 없다. 우리가 알아서 다 해주겠다. 당신은 그냥 '상품'으로만 있어라." 이렇게 이야기해요. 하지만, 선거는 곧 돈인데, 어떻게 돈이 안 필요하겠어요. 경선에 나가려 해도 돈이 많이 드는 거죠. 본선에서야 선거 비용을 보전받을 수 있겠지만 경선은 그런 게 없잖아요. 강혜경 씨 말로는, 처음엔 명태균이 누구에게라도 좀 구해보라 하니 본인이 돈을 일부 구해왔다고 합니다. 그 돈

을 명태균의 돈과 합쳐 여론조사를 돌려봤대요. 조사 결과, 가능성이 작으니 다시 창원으로 눈을 돌리게 된 거예요. 그러고 나니 그때 들어간 돈은 그대로 빚으로 남아 있는 거 아니에요? 김영선이 자기 돈은 원래 잘 안 쓰는 사람이니 돈 나올 데가 없잖아요. 그러니 명태균의 입장에서는 김영선을 당선시켜야 할 필요성이 더욱 많이 생긴 거겠죠.

3. 돈이 지배하는 관계

정정현 : 강혜경과 명태균이 서로 갈등하며 다투게 된 과정을 조금 더 설명해 주십시오.

노영희 : 김영선은 나중에, 보궐선거에서 국회의원에 당선됩니다. 명태균의 미래한국연구소에서 일을 하던 강혜경은 그때부턴 김영선의 보좌관으로 들어가요. 어쨌든 그렇게 해서 돈이 생기면서 서로 부채 관계가 생기고 깔끔하지 않은 돈 관계가 형성되기 시작한 셈이죠. 그러고 빈 돈들은 다른 곳에서 받아와 메꿔야 하잖아요. 김영선은 그걸 받아올 능력이 없는 사람이니까 명태균이 여기저기서 영업했다며 돈을 받아와서 밀린 이자도 갚고 서로 나눠 갖고 하는 식이 되는 거죠. 예컨대, 명태균 씨의 변호사였던 김소연 변호사는 명태균 씨가 허경영 씨의 여론조사 일을 하면서 6,000만 원을 벌어서 미래한국연구소의 비용으로 사용했다고 하더군요.

그 와중에 미래한국연구소가 여론조사를 잘못했다고 선거

법 위반으로 몇 번 걸려서 법인과 개인들까지 벌금 받고 하니까 서로 간에 돈 문제로 얽히고설킨 실타래가 더 복잡해진 것 같아요. 그리고 강혜경 씨가 회계를 맡았다고 했는데 회계 전공자도 아니니 회계 처리가 잘되지 않았을 것 같고, 하도 돈이 복잡하게 오고 가다 보니 정리가 잘 안되었겠죠.

그리고 사무실 경비와 관계자들이 필요한 비용을 쓰면서 그때그때 마다 돈에 구멍이 생기게 되는데, 그것 또한 명확하게 메꿔지지 않았겠죠. 그러다 소위 눈먼 돈들이 들어오면 그걸로 임기응변식으로 막고 했을 거예요. 그렇게 회계 장부가 엉망진창이 돼버리기 시작한 겁니다. 2021년에 오세훈 시장의 여론조사 건도 김한정 씨 등 소위 후원자로부터 돈을 받긴 받았는데 필요한 돈을 다 못 받았다고 그러더라고요. 홍준표를 시장 만들 때도 필요한 돈을 다 못 받았고, 이준석의 당 대표 선거 때도 다 못 받고 그러니 계속 적자가 누적되고 어디선가 펑크가 나는 거죠. 이 중 홍준표 시장에 대한 것은 추후 민주당 명태균게이트 진상조사단에서 돈을 주고받은 것에 대해 기자회견도 하고 발표도 했기 때문에, 얼마나 많은 돈을 어떤 식으로 받았는지 지금 밝혀지는 중이라고 해야겠죠. 실제, 그것 때문에 시민단체에서 홍준표 전 대구시장 외 3인을 정치자금법위반 혐의 등으로 고소하는데, 이때 측근이었던 박OO 씨에게 명태균에게 여론조사 비용을 대신 내게 하고, 아들 친구와 그 후배에게 자신의 복당과 대구시장 당선을 위한 여론조사 비용을 내게 하고 추후 이들을 대구시에 채용했다는 혐의 등이 주요 사안이었어요.

그런데 이 돈 문제에 대해서는 관련자들의 말이 서로 달라요. 명태균 말로는, "그 돈들을 제대로 받아서 미래한국연구소 계좌에 넣어야 했는데, 그걸 강혜경과 김태열이 받아서 자기들끼리 닦아 먹었다"라고 하면서 "자기한텐 제대로 말도 안 하고 돈이 다 어디로 갔는지 모르겠다."라는 거예요. 또 김영선의 입장은 "돈 관리를 명태균과 강혜경, 김태열, 셋이 하는데 투명하지도 않고, 돈은 들어왔는데 어디론가 없어져 버리고 자기는 구경도 못 했다."라는 거죠. 자기는 그냥 법인에서 자기 핸드폰이니 활동 비용이니 생활비 같은 건 다 받아서 쓰는데, 연구소에선 매번 돈이 없다고 하고 내부적으로 살펴보자니 뭔가 이상하고 그랬다는 거예요.

명태균도 회계전문가가 아니고 그런 걸 정확히 따지지도 못하니 어떻게 돌아가는지 자기도 잘 몰랐겠지요. 서로 간에 돈 문제가 복잡하게 얽혔어요. 2022년에는 재. 보궐선거에서 김영선이 당선되고 나서 선관위로부터 선거 비용을 보전받게 되었는데, 그때 동시에 치러진 지방선거 출마자 배OO과 이OO 후보에게 받았던 돈이 각각 1억 몇천만 원씩, 총 2억 4천만 원가량 되는데 (이 돈의 액수도 계속 달라지더군요) 그 돈을 가지고 서로 다투고 있는 와중에 이OO 씨가 지방선거에서 떨어졌으니 돌려달라고 하면서 문제가 커져요. 김영선의 보전 비용이 선거 회계통장에 입금되자마자 곧바로 제3자에게 빠져나간 거예요. 그러니까 선관위에서 이상하다면서 조사가 시작된 거예요.

정정현 : 결국은 돈 때문에 빚어진 싸움이었군요?

노영희 : 네. 그렇게 되니까 서로 간에 차용증은 차용증대로 써놓고 돈은 돈대로 없고 복잡하게 되면서 싸움이 심화된 것 같아요. 그때부터 왜 돈 안 갚냐? 돈은 다 줬다는데 왜 이거밖에 안 갚냐? 그러면서 싸움이 심각하게 되자 김

영선 의원이 몇 번 돈을 마련해서 줬다는데, 명태균의 주장으로는 그 돈이 강혜경에게만 가면 어디론가 사라진다는 거예요. 명태균 말로는 허경영도 당시 대선 나온다면서 미래한국연구소 계좌로 보내준 돈도 있었대요. 그 돈도 자기가 벌어온 돈인데 어딘가로 싹 사라져버렸다고 합니다. 서로 돈 때문에 계속 싸움이 커지면서 골치가 아파지자 김영선 의원이 강혜경 씨에게 다 덮어쓰라고 했답니다. "어쩔 수 없다. 덮자. 그냥 네가 다 덮어써라. 내가 나중에 6선 의원 되고 나면 돈 마련해서 줄 테니까, 일단은 선관위와 검찰에 넘어간 이 건은 네가 해결해야 하지 않겠냐?"라며 강혜경과 김태열에게 다 덮어씌웠다는 게 강혜경과 김태열의 주장입니다. 이 부분에 대해서는 김영선 씨의 육성 녹음도 있었죠. 두 사람이 그 말을 받아들여 그렇게까지 했는데도 2024년 4월에 김영선은 공천을 못 받아버린 거죠. 이제 국회의원으로서 돈을 마련해 낼 방법이 하나도 없어져 버렸다는 겁니다.

그때까지만 해도 명태균은 어쨌든 대통령도 당선시킨 사람이니, 주변의 정치인들에게서 주목받고 부탁받던 사람 아니겠어요? 그런데 2024년도 4월 총선에서 공천을 못 받아버리니까, 주변에서 이상하다, 이상하다, 이렇게 되면서 명태균 씨에게 돈을 주며 의뢰하는 사람이 점점 없어지게 되고, 미래한국연구소 사람들은 돈 가지고 서로 싸우다가 감정까지 깊게 상하게 되는 거죠. 결국에는 검찰까지 안 넘어가고 끝내려 했던 사건이 끈 떨어진 뒤웅박 신세가 되니까, 누구도 김영선을 도와주려 하지 않게 됩니다. 2024년 5월부터는 서로 욕하며 너 죽고 나 죽자는 식으로 난리가 나서 강혜경 씨가 이 내용을 세상에 다 털어버리게 된 겁니다. 그 와중에, 9월에는 이준석 의원이 천하람 의원과 술 마시면서 뉴스토마토 기자에게 그런 내용을 무용담처럼 공개적으로 말하게 되면서 지금에 이르게 된 거예요.

정정현 : 명태균이 김영선에게 '세비 받으면 절반은 내 서랍에 넣어놓아라.'라는 얘기는 언제 나온 건가요?

노영희 : 강혜경 씨 말로는, 김영선이 2022년 보궐선거로 당선되었을 때부터 1년 반 동안 명태균이 그렇게 받았다는데, 명태균은 또 이 부분을 극구 부인하고 있고, 진실은 법

정에서 밝혀져야 할 것 같아요.

정정현 : 김영선 의원 공천 과정 중 또 다른 내용은 없는가요?

노영희 : 2022년 보궐선거 때 김영선이 공천이 안 될 건데도 전략공천이 가능했던 것이, 명태균은 이준석이 당 대표가 되는 데 도움을 줬고 오세훈, 홍준표 시장도 도와준 데다 윤석열 대통령까지 도움을 줬죠. 모두 행복한 상황에서 윤석열이 대통령에 당선되었으니 그 기쁨이 한참일 때인 2022년 5월 9일, 대통령의 육성으로 '김영선의 공천을 주겠다'라는 취지의 말이 나와 버리죠. 이때부터 2023년 12월까지는 좋았던 것 같아요. 명태균 씨 목소리로 나온 얘기들이나, 강혜경 씨와의 통화, 김영선의 녹취, 기타 여러 가지 객관적인 증거들을 통해서 보면 명태균 씨는 창원에서 거의 신적인 존재로 군림했던 것 같고, 아무도 그 사람의 권위에 도전할 수 없었던 것 같아요. 김진태 강원도 지사가 공천에서 탈락할 뻔했는데, 명태균이 살려줬다는 얘기까지 나오고 있었잖아요?

명태균의 속셈은 김영선을 한 번 더 당선시키고 자기가 대통령 부부와 친분이 있으니 대통령 부부를 이용해 여러 이권 사업에 끼어들려고 했던 것 같아요. 실제 사람 속은 모르니 진짜 그랬는지 아닌지는 모르지만, 여러 가지 정황을 보면 그렇게 보이는 거죠. 어쨌든, 국회 법사위에서 강혜경 씨가 증언한 내용이나 명태균 씨 목소리로 나온 얘기 등을 종합해 보면 명태균 씨는 자기도 잘 모르는 대우해양조선 파업 때도 큰 역할을 한 것 같이 보이죠.

4. 정치브로커의 리스트와 커넥션

정정현 : 강혜경 리스트가 별도로 존재하나요?

노영희 : 강혜경 리스트는 결국 명태균 리스트예요. 명태균에게 그런 식으로 찾아오는 사람이 매우 많았는데 그 명단이 바로 그거예요. 심지어는 민주당의 모 의원도 명태균의 이야기를 듣고 여론조사를 한번 의뢰했었대요. 그런데 돈을 너무 많이 달라고 해서 포기했다고 그러더라고요. 2022년에 대통령을 당선시키고 난 후, 한 1년간은 완전히 전성기를 누렸던 거예요. 그래서 지금 그 명태균의 리스트에 올라간 사람들은 자기 이름이 폭로될까 봐 두려워하는 상황인 거죠. 우리가 명태균 리스트를 쫙 뿌려서 난리가 났었잖아요.

정정현 : 결국 명태균은 그 고객리스트를 갖고 자신의 손해를 메꾸고자 대통령 부부는 물론, 자신과 일했던 정치인들과 협상에 나선 셈이군요.

노영희 : 명태균 자신은 돈과 무관하다고 주장을 해요. 실제 돈을 어떻게 벌어서 식구들이 어떻게 먹고살았는지는 얘기를 안 하는데, 강혜경 씨나 김태열 씨의 말로는 신용불량자였다고도 하고, 명태균 씨 자신은 그런 점에 대해 말을 안 하니 정확한 것은 알지 못하지만, 자료를 보면 그랬던 것 같기도 하고, 실제 아무런 이득이 없는데 올인해서 자기 인생을 바치기가 쉽지는 않아서, 누구 말이 맞을지는 대강 짐작이 가죠. 처음에 이 일이 터졌을 때, 명태균 씨는 김건희 씨와 윤석열 씨에게 의존을 많이 했던 것 같아요.

"통화 녹음한 게 있으니 내가 활동할 수 있도록, 돌봐주지 않으면 이 녹음을 풀겠다"라는 메시지를 계속 보냈던 거죠. 그러면서 자기 아이가 먹고살게끔 해달라는 요구도 협상 조건으로 냈었다는 게 보도에 나온 것들이었죠. 윤 대통령과 한때 매우 친했다는 모 교수를 통해 김건희에게 연락해서 "나 평생 먹을 거 해주면 내가 얌전히 있고 당신 얘기 절대 안 불겠다."라면서 협상하고 싶어 했다는 얘기도 있죠. 그런데 그 사람들이 아무도 응하지 않았던 거고, 응할 수도 없었겠죠.

김건희의 입장은 그까짓 것, 얼마 정도 주고 나면 그만이어서 응하고 싶었을 것으로 보이지만, 평생이라고 하는 게 얼마나 될지도 모르겠고, 워낙 허풍도 세고 말도 이랬다저랬다 하므로 믿을 수도 없고, 또 녹음파일이 없어지지 않는 이상, 계속 발목을 잡힐 것 같으니 섣불리 움직일 수도 없었죠. 그런데 워낙 민주당에서 윤석열을 강력하게 압박해 들어오니까 윤석열 부부는 미칠 지경인 거죠. 그동안 워낙 깔아놓은 게 많으니 이걸 해결할 방법이 사실 없었던 상황인 거죠.

정정현 : 처음 강혜경 씨 변론을 맡았을 때, 강혜경 씨의 계획은 어떤 거였죠? 변호사님과 견해나 변론 방향에 차이가 있었나요?

노영희 : 그때까지는 강혜경 같은 사람이 폭로해도 검찰이 덮어버리면 소용이 없으니까, 제 전략은 오로지 모든 언론이 다 달려들어서 여러모로 입체적인 보도가 나가게 하는 방법밖엔 없었어요. 기자들은 대개 자기 언론사에만 집중해서 기사 자료를 제공해 주라고 하죠. 하지만, 그렇게 되

면, 그 특정 언론사에선 특종을 할 순 있겠지만 나머지 언론사들은 열심히 취재에 나서지 못할 수가 있어요. 다른 언론사들에도 기사 소스를 줘야지 그들도 단독이나 특종을 하면서 열심히 취재하고, 사회적 파장이 크게 될 수 있다고 본 거죠. 그래야만 진실이 흐지부지되지 않고 제대로 파헤쳐지고 이슈가 확산할 수 있다고 생각한 겁니다.

하지만, 함부로 자료가 공개되면 나중에 문제가 생길 수도 있으므로 우선, 강혜경 씨와 김태열 씨를 공당인 민주당의 공익제보자로 만들고, 공익제보자가 공당에 자료를 제공하는 형식이 필요하다고 봤어요. 그래서 민주당에 자료를 제공하고 스스로 국감도 나가며 여론을 확산시키려 했던 겁니다. 국회 국정 운영위원회의장에 강혜경 씨가 증인으로 나갔을 때 변호인 자격으로 함께 갔는데, 마침 국민의힘 배준영 간사가 강혜경 씨와 대화하던 제게 "빨간 옷 입은 저 사람 누굽니까?" 해서 제가 나서서 발언도 하고 그랬던 거죠. 기자들한테는 알려진 자료라 하더라도 소스를 좀 더 정확히 알려주면서 그들이 각자 특종이나 단독기사를 쓰게 만들 기회와 편의를 제공하고 싶었어요. 당시, 진짜로 언론사들이 분업한 것처럼 다양한 기사들이 쏟아져나오기 시작하더라고요.

검사한테 직접 확인한 건 아니지만, 검사가 강혜경 씨한테 정보를 흘리지 말고 말을 아끼라고 요구했다고 해요. "절대 다른 데다가 이야기를 풀면 안 된다. 그러면 너만 죽는다고. 그리고 노영희 변호사 말 듣지 마라. 노영희는 정치적인 사람이어서 노영희 말 듣고서 하면 너만 바보 되고 노영희만 정치적으로 뜬다." 그러면서 피의자인 강혜경과 변호사인 저를 이간질하는 거예요.

언론사 기자들도 항의가 많았어요. 강혜경 씨가 연락이 잘 안되고 자료들에 대한 해석도 필요하고 사실관계 확인도 필요하며 그런 것을 알려줄 수 있는 정확한 루트가 필요했는데, 그게 잘 안되니 기자들도 많이 고생했죠.

정정현 : 그런 상황이라면 본인의 판단보단, 오히려 믿을 수 있고 영향력 있는 메신저를 통해서 일관되게 할 수 있도록 협조해주기만 해도 될 텐데....

노영희 : 강혜경 씨는 혼자 꼿꼿하게 상황을 맞서려 했고, 그 당시, 우리가 상상도 못 할 정도로 매우 고통스러웠을 거예요. 하지만, 검찰이 강혜경 씨를 수사하면서, 여러 가지로 회유도 하고, 압박도 하고 그랬을 것이고, 강혜경 씨가 검찰 수사를 많이 받아 본 사람도 아니니 본인도 어찌해야 할지 몰랐을 것 같아요. 또, 검사 말을 들어야 할 것 같기도 하잖아요. 그러니까 검사의 말을 무조건 따르고 신뢰하는 거예요. 하지만, 변호사들은 다 알아요. 검사들은 우리하고 협상할 때도 '협조하면 다 잘해주겠다'라고 해놓고 뒤통수치는 일이 많으니, 그들을 다 믿어서는 안 된다는 걸요. 그래서 제가 검사는 앞에서 저렇게 말해도 뒤에선 다 당신을 이용하고 뒤통수치니까 검사의 말을 듣지 말라고 해줬죠.

그런데 그때까지만 해도 강혜경 씨는 검사들을 믿었어요. 제가 변호를 맡았을 때까지는 검사들이 명태균, 김영선, 김태열 등은 기소해도 강혜경 씨는 기소를 안 했어요.

정정현 : 노 변호사가 변론을 그만두고 나서, 강혜경 씨가 기소되었는데, 본인으로선 많이 놀랐을 것 같네요.

노영희 : 명태균이 형사재판이 시작되면서부터 공판준비
기일 등에서 검사들한테 강혜경에게만 특혜를 주는 것 같
다고 계속 항의하고 재판정에서도 큰 소리를 내고 해서 법
정에서 퇴정을 명령받기도 했다고 하죠. 그때 명태균 씨 주
장이 강혜경은 왜 기소를 안 하냐? 횡령하고 배임한 사람
은 강혜경인데 왜 진짜 죄지은 사람은 뺐냐면서 난리를 쳤
다는 거예요. 그러자 검사들이 강혜경도 기소할 거라고 그
랬다는데, 정말로, 창원지검에서 중간 수사 발표하면서 명
태균은 불기소되고, 강혜경 씨는 3건이나 기소해버렸어
요. 명태균은 환호하고 강혜경 씨는 놀라기도 하고, 화가
나기도 했겠죠. 뒤통수를 세게 맞은 기분이었을 거예요.

정정현 : 명태균은 처음에는 검찰이 반발하니까 차라리 특
검을 통해서 밝혀야겠다고도 했고, 국회에 나가서도 말해
야 하겠다고 했었는데, 이제 검찰하고 협력 관계로 돌아섰
다고 하니 태도를 바꾸게 된 까닭이 궁금합니다.

노영희 : 명태균 씨가 처음에 민주당의 문을 두드렸을 때
는, 강혜경, 김태열은 공익제보자 지위를 박탈하게 하고,

자신이 공익제보자가 되게 해달라고 했어요. 그러면 자신이 알고 있는 진실을 이야기할 것처럼 하면서요. 하지만, 그건 불가능했고, 민주당 법사위 위원들이 국회로 와서 정정당당하게 말을 하라고 했어요. 그러자 명태균 씨는 다리 수술한 게 잘못되어 먼 거리를 갈 수 없다고 하면서, 보석을 허가해주기를 원했어요. 당시 명태균 씨 다리가 별로 안 좋아 보여서 내가 적극적으로 민주당에 도움을 주자고 말했고 민주당도 그럴 필요성은 인정했는데, 결과적으로 그건 사법부와 법무부의 권한이지 국회의 권한은 아니니 잘 안되었고, 시간은 계속 흘러갔죠.

그러는 와중에 창원으로 가서 명태균 씨를 만났는데 그때부터 그의 말이 또 달라졌어요. 2월 27일과 28일, 명태균이 검찰 조사받고 난 다음이에요. 아마도 검찰하고 사전 거래를 한 것처럼 보였고, 그 이전하고는 완전히 검찰에 대한 태도가 달라져 있었어요. 당시 명태균이 원한 건 구속 상태에서 풀려나는 것뿐이었고, 그것을 위해서는 무슨 일이든 다 할 수 있다는 심정이었겠죠. 그런데, 그런 권한은 법무부에 있는 거잖아요. 어쭙잖게 민주당과 같은 입법 권력들이 할 수 있는 건 아니었죠. 3월 20일 세 번째 접견을 가 보니, 검찰을 욕하고, 특검을 통해서 모든 것을 밝히겠다던 명태균 씨는 그 전과는 완전히 태도가 달라져 있었고, 검찰이 원래 친절했었다느니 하면서 다른 말을 하고 있었죠.

정말, 그 후 명태균 씨는 보석으로 풀려났고, 풀려나자마자 이제는 저를 고소한다고 난리를 치고 있죠. 참으로 황당한 노릇인데, 뭘 가지고 고소한다는 건지 알지 못하지만 아마도 내 입을 막고 싶어서 그랬는지도 모르겠어요.

5. 윤석열의 스핀닥터, 김건희Spin Doctor

정정현 : 명태균의 통화 내용에도 나오지만, 윤석열을 움직이는 데 김건희가 메신저 역할뿐만 아니라 결정적인 스핀닥터Spin Doctor 역할을 하잖아요? 실제로 명태균과 김건희와의 관계는 어떤 관계이고, 어떤 방식으로 일이 이루어진 것 같습니까? 또 김건희는 윤석열을 어떤 식으로 움직이게 했는지요?

노영희 : 명태균이 어떤 계획을 짜면 김건희에게 전화하죠. 김건희에게 설명하고 나면 윤석열에게 전달되어 처리되든가, 윤석열이 장관이나 측근들에게 시키든가 하겠죠. 반대로 김건희가 명태균에게 뭔가 요구를 하게 되면 명태균이 그 문제에 대해 알아보고 해결책을 내주고 하면서 서로 간에 신뢰가 쌓였던 겁니다. 명태균 씨 본인은 부인하고 있지만, 민주당에서 확인한 바에 의하면, 창원산업단지 유치 같은 경우, 원래는 현실적으로 산단이 그곳에 될 계획이 전혀 없었는데, 명태균이 김영선에게 자기들이 산단을 활성화해 땅값도 좀 올리고 관련된 일도 좀 해야겠다며 김영선을

설득해요. "창원에 산단을 유치해 김영선의 업적으로 남겨 주겠다"라고 하는 거죠. "그래야 나중에 국회의원 공천도 다시 받을 수 있고 돈도 벌 수 있지 않겠냐?"라고. 그래서 자기들끼리 아예 특정 지역을 산단으로 지정해 달라고 김 건희에게 보냈다는 거예요. 산단 지정의 과정 등에 대해서는 정확하지는 않지만, 민주당과 강혜경 씨의 주장 등을 정리해보면, 공무원들도 적극적으로 응했던 것 같고, 실제 산단으로 지정될 지역도 변하게 되었던 것 같아서 의심의 여지가 많아요.

정정현 : 명태균이 윤석열 부부의 문고리가 돼 버렸네요. 그런데 윤석열은 왜 그렇게 김건희에게 꼼짝을 못 하는 겁니까? 그 원인은 무엇입니까?

노영희 : 제가 윤석열 씨의 성장 과정을 옆에서 본 건 아니니 정확하지는 않겠지만, 주변 사람들의 이야기를 듣고 정리해보면, 윤석열의 집안이 워낙 엄격하게 가정교육을 했던 집이래요. 윤석열 씨는 허풍이 세고, 순간을 모면하기 위해 거짓말을 잘하는 성품인 것으로 보이는데 아마 그런

성품이 그냥 생기지는 않았을 거예요. 그렇다면, 엄격한 가정교육을 표방하는 집안에서는 덩치는 커다란 아이가 행동거지는 그에 못 미치니 별로 맘에 안 들었겠죠. 그런 집에서는 아이들이 어른들의 인정을 받고 싶고, 어른들에게 잘 보이고 싶은 심리가 있는데 혼나고 실수만 계속하면 그걸 만회하기 위해 순간을 모면하는 것에만 집중해요. 아이들이 보통 그렇게 크거든요. 순간순간 모면하려고 거짓말을 하면 결국, 들키기 마련인데 그러면 아버지에게 맞는 거죠. 아버지가 고무호스로 때렸다는 얘기도 결국 그래서 나온 거 같아요.

그런 데다가 윤석열의 어머니는 자기 아들을 엄청나게 과보호했던 것 같아요. 특히 남편이 아이를 때리면 자기가 가서 몸을 감싸 안으며 대신 맞는 식으로. 이러면 아이는 결국 엄마에게 의지할 수밖에 없는 거예요. 엄마하고 아들 사이엔 애착이 점점 강하게 형성되는 거죠. 그러면 아버지는 점점 아이가 걱정되겠죠. 하지만 엄마로서는 아들이 서울대도 나왔고 검사까지 되는 과정에 본인의 역할이 매우 컸을 테니 계속 옹호하는 처지이었을 거예요.

게다가 나는 새도 떨어트린다는 특수부 검사가 되니 그 권력이 하늘을 찔렀겠죠. 대단한 사람들이 모두 앞에서 굽실굽실하고 술 좋아하고 사람들 앞에서 무게 잡는 것 좋아하고 그런데 집에서는 엄격하게 단속하면서 아무 여자하고 만나게는 안 하고. 그러면서 부모는 늙어가고 윤석열은 자기 마음대로 할 수 있는 자기 사람들에게 형님이나 보스 노릇을 하면서 허풍 치는 습관이 점점 심해질 수밖에 없었을 거예요. 그런 와중에 엄마를 대체할 수 있는 사람으로 김건희를 만난 거죠.

김건희가 술집에서 일한 것이, 사실인지 아닌지는 모르겠지만 세상의 풍문으로는 술집에서 일하면서 남자 비위 맞추는 것을 엄청나게 잘하는 사람이라잖아요. 그런 데다 윤석열은 되게 단순한 성격이거든요. 마마보이 같은 윤석열이 무엇에 취약한지를 쉽게 간파하게 되는 거죠. 자기가 마마보이여도 나이가 들면 그러긴 싫잖아요. 엄마도 아들에 대해 영향력이 줄어들 거 아니에요. 그런데 그걸 옆에서 김건희가 대신 컨트롤을 해주게 되는데, 특히 당시에 윤석열은 검사라는 직위에 있으면서도 맨날 술값만 날리고 돈도 별로 없으니 김건희와 장모 최은순이 돈을 대주면서 그 허풍을 채워주는 역할을 한 거죠. 그러면서 경제적, 심리적으로 김건희가 윤석열을 컨트롤하게 된 거죠. 엄마 대신 오로지 김건희에게만 의존하게 되었다고 봅니다. 김건희에게 가스라이팅 됐다는 거죠. 이건 순전히 제 해석이니까 오해는 하지 마시고요. (웃음)

정정현 : 검사 시절의 윤석열을 얘기하는 사람 중 그를 좋게 말하는 사람들도 많습니다. 후배들에게 잘해주고, 기분파고, 통이 크다고

노영희 : 당연히 저도 그렇게 윤석열을 좋게 보는 사람 중 하나였어요. 우리 국민 다수가 그랬을 거예요. 특히 윤석열 씨가 그 유명한 '사람에게 충성하지 않는다'라고 하면서 엄청나게 강단 있게 정의를 추구하는 사람인 척했었잖아요. 곁에서 피상적으로만 그를 보는 사람들은 사람의 품이 크고 뭔가 깡이 있다고 생각할 수밖에 없고 그것이 그 사람의 매력으로 작동했겠죠. 하지만, 또 다른 사람들은 달리 말해요. 윤석열은 자기 식구나 자기 사람만 챙기는, 즉 자기 측

근만 중요시한다고 해요. 엄청나게 고집이 세고 능력도 없는데 시끄럽기만 한 골목대장 스타일이어서 꼴 보기 싫다는 사람도 있고요.

정정현 : 어린 시절의 콤플렉스를 감추기 위해 자기에게 충성하는 사람만 인정하는 심리와 허언증이 심화한 게 아닐까요?

노영희 : 그리고 특수부가 더 그걸 심화시켰죠. 검찰 특수부는 기업 대표들을 상대로 수사를 많이 하는데 윤석열이 잘하는 게 적당히 봐줄 건 봐주는 수사 방식이었대요. 중요한 건 봐주고, 가벼운 것 한두 개만 엮어서 처벌하는 식으로. 그러니 재벌과 기업들 처지에서는 오히려 윤석열은 스폰서 해주면서 관리하기 쉬운 검사였던 거죠. 그런 걸 매우 잘했다는 거죠. 그러면서 윤석열은 자기가 수사하는 사건 피해자들이 "정말 대단하시다. 고맙다." 하는 반응에 자꾸 붕붕 뜨게 되는 거겠죠.

6. 김건희의 콤플렉스Complex

정정현 : 김건희를 보면, 국정 농단을 저지르면서도 죄의식도 없고, 명태균이 어떤 사람이라는 것을 알면서도 자기가 취하고 이용하잖아요. 외교 순방을 나갔을 때도 경호원을 대동하고 명품 거리를 활보하며 다닌다든지, 이것 역시 자신의 콤플렉스를 은폐하고 미화하기 위한 심리적 행위가 아닌가 싶어요.

노영희 : 저는 그 사람들의 선악 개념은 우리와 다르다고 생각해요. 자신들이 추구하거나 권력을 갖고 지향하는 것만 선이고, 나머지는 악이라 여기는 것 같아요. 명태균이 여론조사를 조작하고 엉터리로 샘플을 만드는 것도 마찬가지예요. 그런 사람과는 선을 그어야 하는 게 맞는데 오히려 서로 집착하는 거죠.

이 사람들에게는 선과 악의 개념 자체가 전혀 중요하지 않아요. 그것을 이용해 무언가 결과물을 만들어낼 수만 있으면 된다는 거죠. 그게 바로 그들이 살아가는 방식인 거죠.

김건희도 집이 몹시 가난했다잖아요. 어릴 때 아버지가 돌아가시고, 어머니가 포장마차 하면서 느낀 것은, 김건희와 어머니 최은순에게 간절했던 건 돈이란 말입니다. 돈을 위해서는 수단과 방법을 가리지 않고 해도 된다는 게 그 식구들의 마음이었겠죠.

그런 와중에 권력에 대한 지향이 생겼을 것이고 권력을 가진 사람을 내 편으로 만들어야겠다는 욕구가 엄청나게 강한데, '라마다 르네상스' 시절 주로 기업 회장, 검사 등과 만남이 많았다는 것이 그런 맥락이라고 봐요. 게다가 김건희가 미술도 좀 한다고 하니 그걸로 대화를 풀어갈 수 있는 정도. 그리고 남자들을 잘 다루니 사교모임 같은 데서는 필요한 사람인 거잖아요. 그러니까 그런 사람을 라마다 르네상스에서 자리가 마련되면, 김건희는 비즈니스를 성사하는 가교 구실을 잘했겠죠. 그러면서 기업가들이 검사 같은 힘 있는 사람들을 만나 라인을 형성했으니까 김건희도 자연스럽게 권력을 가진 검사들에 관한 동경이 있었을 거 아니에요. 그 사람들이 추구했던 거는 옳고 그름이 아니라 뭔가를 할 수 있냐 없냐, 오로지 이것만 따지게 되고, 권력을 가지고 취할 수 있는 이익만 따지게 되는 거죠.

속이 충만한 사람은 과시할 필요가 없는데, 김건희는 자신이 껍데기처럼 비어 있으니 남들에게 뭔가 과시하는 게 중요하고, 그래서 얼굴도 고치고 겉모습을 남다르게 보여주게 하려고 그랬다는 거 아니겠어요? 물론, 누구나 예뻐지고 싶고, 부족해 보이면 채우고 싶고 그런 심리가 있으니 그걸 전적으로 무시하거나 나쁘다고 할 수는 없어요. 그리고 누구라도 자신이 태어날 때부터 가난해지고 싶다거나 힘들게 살고 싶다거나 그러지는 않을 거니까, 성취 지향적으로 살고 싶어 하는 것은 당연하다고 생각해요. 하지만, 그렇다 하더라도 진실된 마음이 있어야 하는데, 그게 좀 부족했던 것은 아닐까 하는 생각이에요. 그런 것이 부족한 사람들은 위선적이고 가식적인 사람들 속에서 자기도 더 가식적으로 되어가면서 끼리끼리 어울려 다니게 되고 자기도 모르게 죄의식도 사라지고 자신의 목표 달성을 위해 수단방법을 안 가리게 되는데, 통상적으로 생각하는 죄의식이나 도덕관념이 다르게 작동되는 것 같아요. 그 사람들은 옳고 그름에 관한 생각이 우리와 아주 달라요.

정정현 : 명태균과 김건희는 일종의 동질감, 또는 동료 의식을 느꼈을 수도 있겠다는 생각이 드는데요?

노영희 : 동료 의식까지는 모르겠어요. 김건희가 명태균이라는 사람을 그렇게까지 높게 평가했을까? 그냥 사탕발림으로 "명 박사님, 선생님, 고맙습니다." 이렇게 했었을 것 같아요. 오히려 김건희 입장으로는 명태균도 본인이 이용하는 사람 중 하나였을 겁니다. 김건희 같은 사람의 성격은 동질감이라고 하는 게 없을 거라고 봐요. 그냥 서로 이용하고 이용당하는 그런 관계라고 저는 생각을 해요. 그렇게 따지면 명태균이 좀 더 순진한 거죠. 명태균이 사람들이 말하면 그걸 그대로 믿는 것만 봐도 그렇죠. 조은희도 자신의 열혈 팬이 됐고 김진태도 자기가 강원도에 가면 밥 안 굶고 다닐 수 있다 하고, 이게 다 뭐예요? 사람들이 사탕발림으로 한 말을 그대로 다 믿어버리는 거잖아요. 특권층이 본인을 어떻게 바라보는지를 잘 모르는 것 같아요. 그들의 속내는 명태균을 이용할 뿐 실제로는 무시하거든요.

그런 사람들이 앞에서는 고맙다고 말할 거 아니에요. 조은희와의 통화 내용도 들어보면 "선생님 너무 은인이에요."
라고 하잖아요. 명태균은 정말 그렇게 생각하는 거예요. 자
기가 대단하다고 생각하니까. 그렇지만 조은희나 김진태
나 오세훈 같은 사람들에게 명태균은 지저분한 일을 처리
해 주는 사람일 뿐, 같은 급이라고 절대 생각하지 않아요.
김건희도 마찬가지겠죠. 그동안 김건희가 상대해 온 사람
들하고 명태균이 급이 같다고 생각하겠어요? 그래서 그들
간에 무슨 동질감이나 연대감이 있을 것으로는 생각하지
않아요.

정정현 : 명태균의 배신감은 당연했던 거겠네요? "그렇게
도와줬는데 날 이렇게 취급해?"라는 식으로?

노영희 : 안 그래도 그걸 물어봤어요. 접견 가서. 당신은,
당신이 그렇게 많이 도와줬던 사람들이 당신을 부인하고 인
정하지 않는 것에 속상하고, 그들에게 화가 나지 않느냐? 가
소롭게 느껴질 수도 있을 것이다. 그런데, 명태균 씨는 당시
검찰과 이야기가 잘 돼서 기분이 좋았는지, 득도한 사람처럼
답변하더군요. '그런 게 인생이다' 뭐 이런 뉘앙스였어요.

기득권층은 솔직히 김건희도 출신이 천박하고 지저분하다고 여기죠. 그들은 김건희도 명태균도 인정해주지 않아요. 명태균은 처음에 자신이 구속될 즈음에는 상황 판단을 잘못했던 것 같아요. 엄청나게 분노하면서도 자신이 여전히 잘 빠져나갈 수 있다고 생각했고, 여전히 자신이 우위에 있으며 그들을 가지고 놀 수 있다고 생각했던 것 같아요. 하지만, 실제는 전혀 그러지 못했잖아요. 그게 그의 한계인 거죠. 아무리 그가 상대를 속으로 욕하고 그들을 적으로 규정지었다 하더라도, 금방 바뀌잖아요. 그들과 한 편이 되어 손을 잡고 뭔가를 도모해서 살아남으려고 하고.

그게 명태균이라는 사람이 사는 법이라고 봐요. 그런데 김건희 씨도 그런 식의 태도가 있어요. 한동훈과 아내 진은정 변호사 같은 사람들은 겉으로는 아닐지라도 속으로는 김건희를 아무것도 아니라고 생각하고 완전히 무시해요. '어디 너 같은 사람이 감히 나하고 동등하게 행세하려고 그래?' 이렇게 생각하죠. 김건희가 나경원 같은 사람을 왜 싫어하겠어요? 나경원 측에서 보면 김건희 같은 사람은 정말 웃기는 사람이죠. 그 눈치 빠른 여자가 그걸 모르겠어요?

정정현 : 명태균도 김건희를 보면서, '내 주위엔 나경원도 있고 오세훈 있는데, 김건희는 그 급은 아니니 그들보단 오히려 나와 잘 통할 것'이라는 생각하지 않았을까요?

노영희 : 명태균은 그럴 수도 있죠. 김건희는 자기와 매우 친하고 자기와 잘 맞는다고 생각했겠죠.

정정현 : 김건희는 생각이 다르겠죠. '네가 감히 어디서 나와….' 하면서.

노영희 : 김건희를 보고 "저런 천박한 것들하고 어떻게 내가 만나나?"라고 한 사람이 바로 한동훈 부부예요.

7. 엇갈린 증언, 명태균 VS 강혜경

정정현 : 검찰 조사와 언론 보도를 통해 명태균은 "강혜경 씨가 발생시킨 거짓의 산이 곧 무너질 것이다"라고 공격했고, 강혜경은 "리스트든 뭐든 다 공개하고 밝히겠다. 누가 맞는지 보자." 이렇게 대응했는데, 강혜경과 명태균 사이에 증언이 엇갈린 지점과 실제로 대화하면서 알게 된 내용은 무엇이 다른지요?

노영희 : 둘 사이에 엇갈리는 지점은 돈 문제와 여론조작 부분이에요. 그런데 아이러니하게도 그 부분이 지금 둘이 각각 재판받는 부분이에요. 강혜경 씨의 말로는 김영선 의원의 세비 절반을 받아서 자기들끼리 500만 원씩 받기로 한 거라고 하는데, 명태균은 "아니다. 난 정상적으로 급여를 받은 것뿐"이라고 말합니다. 지방선거 출마자들로부터 미래한국연구소 계좌로 받은 돈에 대해서도 서로가 빼돌렸다고 주장하고 있습니다. 전부 다 돈 문제예요. 강혜경 씨는 명태균 씨의 지시로 여론조작을 했다고 하는데 명태균은 본인이 시킨 게 아니다. 라고 하고 있죠.

정정현 : 방송에도 나왔듯이, "약속한 날짜에 돈 안 주면 끝이다."라는 말을 웅변해주는 거네요?

노영희 : 돈 문제 외의 나머지는 주장이 일치해요. 지금 명태균 씨가 강혜경에 대해 분노하며 억울해하는 것은, 강혜경이 정치자금법 위반으로 기소되지 않은 것 때문이에요. 배OO, 이OO라는 사람에게 돈 받은 것 때문에 정치자금법 위반으로 기소가 됐는데, 강혜경만 빠졌어요. 김태열, 김영선, 명태균도 다 구속됐는데, 왜 강혜경만 빠졌는가 하는 거죠. 공판 준비 기일에서 명태균 씨가 검사에게 "강혜경이 자기가 돈 받아서 중간에서 장난치고 착복했는데 왜 기소 안 하냐?"라고 하면서 화내며 난리를 쳤죠. 그런데 강혜경의 입장은 "난 처음부터 공익제보자로 진실을 다 밝히고 협조했고, 그 돈은 내가 개인적으로 쓴 것도 아니니까 빠지는 게 당연한 것"이라고 생각하는 거고.

정정현 : 강혜경 씨가 공익제보자라는 이유로 기소가 안 된 건지, 아니면 실제로 죄가 없는 건지요?

노영희 : 죄는 있겠죠. 강혜경 씨가 회계 처리를 하면서 잘 못한 부분도 있을 거고요. 구체적인 돈 관계는 제가 잘 모르지만 어쨌든 돈이 안 맞는 부분들이 있어요. 그리고 강혜경의 설명이 자꾸 달라지는 부분이 있어요. 사실관계를 정리하다 보면 무슨 말인지 못 알아듣게 되는 시점이 있는데, 회계장부를 깨끗하게 처리하지 못한 건 사실이에요. 전문가가 아니니까 더 그럴 것이고요. 자신의 밀린 급여를 먼저 가져갔다는 말도 일부는 맞아요. 누구의 말도 100% 진실이라고 확신할 수는 없어요. 우리는 그 당시 사정을 잘 모르니까요. 명태균과 강혜경이 서로 거짓이라고 생각하는 부분에서 서로 다른 얘기를 하는 거예요. 김태열도 마찬가집니다. 명태균이 억울해하는 것도 사실 어느 정도 이해는 되는 거예요.

명태균 씨는 계속 나보고 자기 변호사에게 자료를 받아서 잘 살펴보라고 해요. 그러면 강혜경이 거짓말한 걸 알 수 있다고. '왜 당신은 방송에서 강혜경의 말만 언급하느냐고 항의해요. 자기가 하는 말을 좀 들어 달라, 증거들이 있는데 왜 강혜경의 말만 듣고 그 사람만 공익제보자로 만들어줬냐?' 이러고 따지지만, 명태균 씨의 말이 사실인지 아닌지 저는 알 수 없어요. 결국, 재판에서 가려질 수밖에 없는 거죠.

명태균도 기소된 건 하나밖에 없어요. 정치자금법 위반. 배OO, 이OO에게 돈 받았다는 것밖에 없어요. 그런데 이 사람은 그 돈을 자기는 한 푼도 안 받았다는 거예요. 사실, 그걸 믿을 수는 없죠. 하지만 본인 주장은 그게 맞다는 거죠. 그리고 강혜경, 김태열이 장난쳤다고 하죠. 자기는 죄가 없는데 왜 구속까지 했고 왜 아직도 안 풀어주냐는 것이 명태균의 주장이었죠. 본인은 대선 때 뭔가를 터뜨려 영향력을 행사하는 길밖에 없잖아요. 그거 하나 믿고 계속 무죄로 나가야 한다는데 현실적으로는 사실 터뜨릴 게 없어요.

정정현 : 감옥에 들어가 있는 사람이 저렇게 당당하게 말할 정도고, 명태균이나 변호인이 무슨 말만 하면 오세훈과 홍준표가 곧바로 반박하잖아요? 그럼 당연히 국민은 명태균이 뭔가 있다고 생각하지 않을까요?

노영희 : 이준석과 오세훈, 홍준표 전부 명태균이 여론조사를 해줬어요. 그런데 오세훈하고 홍준표는 그런 기본적인 사실부터 인정을 안 하니까 명태균이 분노하는 거죠. 김진태나 조은희나 다른 사람들은 가만히 있잖아요. 그런데 홍준표와 오세훈은 분명히 자신들이 사정해가며 자신들을 도와달라고 해놓고 이제 대선을 준비하면서 발뺌들 하니까 그 둘은 용서 못 하겠다는 것이죠.

정정현 : 명태균의 변호사가 "아니, 두 번 이상 만난 건 오세훈 아니고, 오징어입니까?" 해도 아무 말 못 하는 게 사실을 말해주는 거겠죠. 명태균 씨도 "대선에 나가려고 기웃거리는 자들마다 내가 다 뭉개버리겠다."라고.

노영희 : 지금 국민의힘에서 그 사람의 말에 민감하게 반응하는 사람은 홍준표와 오세훈밖에 없어요. 나머지는 모두 입을 꾹 다물고 있어요. 조금이라도 자기 이름이 나올까봐. 조은희도 김진태도 아무 말도 못 하는 거지요. 원희룡도 처음엔 조금 나서서 맞대응하려다 들어갔잖아요. 말을 못 해요. 김종인도 마찬가지예요. 이준석도 마찬가지고.

8. 뜻밖의 만남, 명태균 VS 노영희

정정현 : 명태균 씨를 직접 만나 대화하게 된 계기는 어떤 건가요? 몇 번 정도 만나셨어요?

노영희 : 강혜경 씨를 변호하기 전, 유튜브 방송 〈스픽스〉의 전계완 대표가 저와 함께 생방송 도중 명태균 씨에게 전화를 걸어요. 그리고 이 사건에 관해 물어보는데 명태균 씨가 말을 워낙 이리저리 돌리는 편이잖아요. 제대로 못 알아듣는 말을 너무 많이 해요. A를 물어보면 A에 대한 답을 안하고 딴 얘기를 한단 말이에요. 어쨌든 그 방송을 강혜경 씨가 본 겁니다. 그리고 우리에게 연락이 와서 억울하다며, 명태균 씨가 말하는 것에 대해 본인도 할 말이 있으니 자신을 변호해 달라고 해서 제가 변호를 하게 되었죠. 이후, 강혜경 씨를 공익제보자로 인정받게 해줬고, 스픽스 방송에 출연해 본인의 주장을 하게 된 거예요.

명태균 입장에서는 스픽스의 전계완과 노영희는 처음엔 자기와 먼저 이야기하더니만, 이젠 갑자기 강혜경과 붙어서 자신을 공격한다고 생각하는 거예요. 그러나 우리의 입장은 명태균은 말을 빙빙 돌리기만 하지 제대로 얘기해 주는 것도 없고 딴소리만 하면서, 우리가 공익제보자를 하라고 해도 안 한다고 하지, 게다가 온갖 곳에 다 전화해서 말을 마구 퍼뜨리니 도무지 신뢰할 수가 없었던 거죠.

정정현 : 일종의 자기 구명운동을 위한 포트폴리오네요. 거래 관계를 다변화시켜 놓고 걸리면 당기고 하는 식으로….

노영희 : 그때까지만 해도 우리가 제대로 진실을 파악하려면 명태균이 당사자니까 그의 주장도 듣고 자료도 받아야겠다고 생각해서 전계완 대표가 공을 많이 들였어요. 그래서 전화도 했고 그의 부인에게도 연락하고 계속 그랬었어요. 하지만 명태균 씨는 그때까지만 해도 자기는 절대 감옥에 안 들어간다는 생각으로 협상을 한 거예요. 복사본도 다 있고 하니 누구도 자신과 비교해 급수가 안 된다면서 자기가 가지고 있는 자료들을 언론사마다 하나씩 넘겨주며 폭로와 협박을 이어 갔죠. 그때 그 유명한 '오빠' 카톡 대화가 나오기 시작했고, 하나씩 공개해서 반응을 보고 또 다른 걸

내놓고 또 반응 보고.... 이런 식으로만 계속하는 거예요. 그러다 보니 나중에는 말발이 안 먹히면서 본인이 생각지도 않았던 구속까지 돼버렸잖아요.

그런데 이 사람이 어이가 없게 인터뷰할 때마다 자꾸 제 이름을 언급해요. 노영희 변호사가 사정을 제일 잘 안다는 둥, 노영희에게 말했다는 둥⋯. 정작 나와 공개 인터뷰할 때 제대로 말하지도 않아놓고선 왜 자꾸 내 이름을 자꾸 언급하는지⋯. 명태균 씨가 처음에 검찰 조사를 받으러 들어갈 때는 스픽스 전계완 대표에게 먼저 다가와서 유일하게 악수를 청하고 들어갔어요. 그 정도로 여유나 자신감이 있었던 거죠. 그런데 그 뒤로 점점 본인의 상황이 불리하게 되고 구속까지 되니까 태도가 달라진 거예요. 이명수 기자에게도 선문답하면서 "여섯 번째 파도가 지나갔다"라면서, 왜 노영희와 좌파들은 나를 빼고 강혜경과 김태열을 선택하냐? 이랬다는 거예요. 좌파들이 그렇게 자기를 버리니 내가 이렇게 될 수밖에 없지 않았냐고 했다는 거예요. 저와 전계완 대표가 자신을 돌봐줬어야 한다는 말도 안 되는 생각을 하는 것 같아요. 그래서 명태균이 구속된 다음에 제가 편지를 보냈어요. '당신이 정말 그렇게 생각한다면 내가 도와줄 테니 만나서 얘기를 합시다.'라고 그랬더니 그건 또 싫대요. 제가 두 번이나 접견 가려다 돌아왔어요. 그 사람이 싫다고 해서.

그런데 본인이 완전히 코너에 몰리니까 공익제보자가 되고 싶다면서 남상권 변호사를 통해 접견을 와달라고 했죠. 그래서 3번씩이나 접견을 하게 된 겁니다. 그때도 저보고 오작교를 놔달라고 해서 싫다고 했죠. 변호사가 무슨 거간꾼도 아니고 장난치는 것도 아니고 더는 만날 필요가 없다고 말한 거죠. 그런데 그 후에도 접견 요청이 있어서, 세 번째 접견 가서는 그 사람의 개인적인 속내를 듣고 싶다고 했어요. 워낙 언론에 나온 거나, 유명 정치인에 관한 이야기나 여론조작 같은 얘기는 말을 이랬다저랬다 하니, 믿을 수도 없고 그 얘기는 들을 필요가 없다고 생각했어요. 결국, 객관적인 증거와 사실이 밝혀질 테니까, 그걸로 판단하면 된다고 본 거죠.

정정현 : 여론조사법 위반도 안 걸리나요?

노영희 : 선거법 위반 건은 불기소로 정리됐어요. 강혜경, 김영선이 선거법 위반 건으로 기소됐고요.

정정현 : 그건 벌금 정도만 내면 나올 수 있는 거 아닌가요?

노영희 : 네. 선거법 위반은 그렇죠. 하지만 정치자금법 위반은 어떻게 될지 모르겠어요. 그런데 변호사가 정치자금법 위반 혐의가 나올 거라 했더니 막 화를 내더라고요. 자기는 무죄라고. 그러니 바로 자기를 무죄로 빼달라고 주장하는 거예요. 외국에 나가서 다리 수술도 해야 하니 보석으로라도 빨리 풀어달라는 얘기죠. 하지만 중요한 것은, 그 외에 특정인으로부터 돈을 받고 행정관으로 취직시켜주었다거나 누구로부터 돈을 받았다거나 하는 혐의 등에 대해서는 불기소처분이 내려졌다는 거예요. 저는, 명태균 씨가 검찰하고 얘기를 잘 풀었다고 생각하는데, 특히 세 번째 접견 갔을 때는 그 전에 접견 갔을 때 들은 얘기와는 완전히 다른 얘기를 하길래, 좀 실망했어요. 검찰에게 실망하고 명태균 씨에게 실망하고, 속으로 무척 안타까운 마음이 들었어요.

9. 명태균과 미래한국연구소

정정현 : 김영선의 친척이자 〈미래한국연구소〉 소장을 맡았던 김태열은 어떤 이력을 가진 사람입니까?

노영희 : 김태열 씨는 서울에서 사업을 하다가 잘 안되었을 때, 김영선 변호사 사무실의 사무장으로 있었던 것 같아요. 이후, 김영선 씨가 창원 내려가면서 도와달라고 해서 〈시사경남〉 편집장으로 취업했던 거죠. 나중에는 〈미래한국연구소〉의 대표를 맡아 거기서 나오는 돈으로 생활했대요. 명태균 씨의 주장으로는 김태열은 돈도 한 푼 없었는데 미래한국연구소에 들어갈 돈을 자기가 받아쓰면서 아파트도 사고 착복했다는 얘기입니다. 김태열은 '받을 급여만 받았을 뿐이다.'라고 얘기하는 거고. 이 사람은 여론조사 사업과 전혀 관계가 없고요. 여론조사에 직접 관여한 사람은 강혜경, PNR 대표, 그리고 명태균, 세 사람뿐이에요.

정정현 : 미래한국연구소에서 직접 여론조사를 돌리지는 않았나요?

노영희 : 미래한국연구소에서 의뢰하면, PNR에서 해주는 거죠. 회선이 그쪽에 있으니까 PNR에서 쓰는 회선을 빌려서 하는 거잖아요.

정정현 : 지금까지 내용을 정리한다면, 명태균은 한마디로 어떤 사람입니까?

노영희 : 한마디로 순간적인 판단력이나 머리는 꽤 좋은 것 같아요. 그리고 잘게 쪼개져 있는 것들을 통합시켜 직관적으로 생각해내는 능력이 있는 것 같아요. 예를 들면 우리는 휴대폰을 보면서 네모난 핸드폰이라고만 생각하지만, 그 사람은 이걸 다른 시각으로 보는 것 같아요. 이것도 무기가 될 수 있다든가, 직사각형의 놀이기구라든가, 이렇게 우리가 현상적으로 생각하는 것으로 보지 않고, 다른 방향으로 접근하는 독특한 시각이 있는 거예요. 그러니까 정치인의 처지에서는 정통 문법에 맞게 정치를 분석하는 사람이 아니고, 새로운 문법을 가지고 분석하는 게 있는데 그게 또 그럴듯하게 맞아떨어지는 것 같으니까 높이 사는 거겠죠. 뜬구름 잡는 것 같긴 하지만 그래도 어쨌든 뭐가 되긴 하니

까. 그리고 보통 사람들은 편법이나 불법을 마음대로 구사하진 못하는데 이 사람은 아주 과감하게 아무런 죄의식 없이 구사해서 결국, 결과를 만들어내곤 하잖아요. 선악의 개념이나 죄의식이 전혀 없이 결국 중요한 건 결과라는 인식의 소유자죠.

그리고 이 사람은 인정 욕구가 매우 강한 사람이라고 생각해요. 가난한 시골에서 태어나 제대로 교육도 못 받았었고, 직업도 변변하지 않았던 사람인데, 상황에 대한 인식이 일반인들하고 상당히 다르고 뭔가 독특한 면을 가지고 있어서 그게 사람들에게 어필하는 요소가 되는 겁니다. 그러다 보니 사람들이 끌려들게 되고 그걸 이용해 뭔가 이뤄지곤 하니까 자신감도 붙고 계속 그런 행태가 반복되며 이어지는 것이죠. 그런 식으로 대통령 부부까지 올라가게 된 거예요.

정정현 : 명태균 스스로는 자신에 대해 어떻게 말하던가요?

노영희 : 제가 접견했을 때 그러더군요. "아니, 생각해보세

요. 변호사님. 시골에서 소 키우던 촌놈이 대통령 부인하고 맨날 이런저런 통화 하고 대통령하고 얘기합니다. 내가 김종인하고도 하루에 15번씩 통화하고, 서울대 법대 나온 변호사 출신의 5선이나 한 김영선 의원을 좌지우지하며 혼내고 야단칠 수 있는 사람입니다. 이게 무엇을 뜻하겠습니까?" 그 사람의 입장으로는 돈도 중요하겠지만 돈보다 자기가 이 정도 위치의 사람이라는 것을 사람들에게 알리고 싶어 하는 데 초점이 맞춰져 있어요. 자기가 인정받는 게 더 중요한 사람인 거예요.

인정 욕구에 목말랐던 사람이 남들이 인정하는 사람으로 되어버렸으니 완전히 안하무인이 된 거죠. 게다가 이 사람이 교육을 제대로 못 받았으니 예의가 없잖아요. 그러니 사람에 대해서 함부로 말할 수 있는 것이 자기의 능력이고 자신이 훌륭해서라고 생각하는 잘못된 관념을 가지고 있는 거죠.

PART 03

명태균은 어떻게
대한민국을 흔들었나?

협잡挾雜이죠. 정치꾼들끼리 협잡.

정치브로커가 나쁘냐, 정치인이 나쁘냐 할 것 없이
둘 다 나쁜 겁니다.
그 민낯이 이번 일로 드러났다는 것이
이 사건의 핵심인 거죠.
단순히 몇 사람들만의 문제가 아니라
권력과 정치, 검경이 다 연루된 구조였다는 거죠.

그 협잡의 배경은 욕망欲望과 이익利益이죠.

검찰에 준 내 **녹음파일** 안에
나와 윤석열, 김건희와의
관계가 다 들어있어!

명태균의 협박, 12.3 계엄을 부르다.

**비상계엄을
선포
합니다!**

9월 23일, 창원지청이 압수한 PC의 포렌식 결과도 윤석열 부부에게 넘어갔고,
그 PC에도 명태균, 김건희, 윤석열 간 부조리한 관계와 행태가 다 들어있었다.

명태균게이트. 모든 것의 배후는 돈이다.
정치꾼들끼리 협잡하고, 정치권력과 검.경이 모두 연루되어 있다.
그 협잡의 배경은 욕망과 이익이다.

1. 여론조작 기술자들

정정현 : 미래한국연구소에서는 실제 어떻게 여론을 조작해왔나요?

노영희 : 아주 다양했어요. 예를 들어 보통 무작위로 전화번호를 추출해 조사하는 게 일반적인 여론조사인데 이 사람들은 안심번호를 샀어요. 안심번호는 유효 기간이 있는데 그게 돈만 주면 언제든지 기한을 늘릴 수가 있다고 하더라고요. 보통은 하루 이틀 정도 그냥 쓰면 없어지는 번호를 주는 건데, PNR에서 사용하는 안심번호는 20일에서 30일까지도 유지가 된대요. 그러니까 며칠을 더 유효하게 돈을 주고 사는 거죠. 먼저, 안심번호로 전화를 한번 돌려봐요. 그러면서 진보든 보수든 정치 성향 파악을 해요. 그 번호로 성별, 나이, 거주지 등 배경 변수별 파악이 다 되는 거죠.

게다가 누굴 지지하는지, 한동훈이냐, 윤석열이냐, 이런 걸 다 파악해놓고 그걸 이용해 나중에 인구 할당에 따른 여론조사를 하잖아요. 그때 보수적인 사람을 유리하게 만들고 싶으면 보수 성향으로 분류된 사람에게만 선택적으로 전화해서 유리한 결과를 뽑아내요.

하지만 전체적으로 명태균 씨는 이러한 여론조작을 한 적이 없다고 극구 부인해요. 강혜경 씨가 모든 자료를 다 가지고 있어도, 명태균 씨는 그런 적 없다고 말하고, 자신은 떳떳하다고 해요.

그런데도 현실은 그렇지 못했던 것 같아요. 2025년 4월 21일에 민주당 명태균게이트 진상조사단에서 기자회견 한 내용에 따르면, 2022년 국민의 힘 대구시장 선거 때는 아예 홍준표 캠프에서 당원명부를 유출하고 그 명부를 바탕으로 성향을 분석해서, 홍준표를 지지하는 사람들의 숫자를 부풀리기 위한 여론조작이 이루어졌다는 거예요.

〈대구당원 파일 일부 캡처본(비식별화)〉

1	010-8854-	21067683	1989	최	여성	책임당원	책임당원7 대구	달서구갑	책임당원	2021.02.09 윤	달서구	장기동
2	010-2000-	21066827	1956	천	여성	책임당원	책임당원7 대구	달서구갑	책임당원	2021.02.04 하	달서구	용산동
3	010-6298-	21066820	1989	김	남성	책임당원	책임당원7 대구	달서구갑	책임당원	2021.02.04 김	달서구	용산동
4	010-8770-	21066149	1942	서	여성	책임당원	책임당원7 대구	달서구갑	책임당원	2021.02.02 정	달서구	죽전동
5	010-7447-	21066156	1975	김	남성	책임당원	책임당원7 대구	달서구갑	책임당원	2021.02.02 정	달서구	죽전동
6	010-2227-	21066167	1993	김	남성	책임당원	책임당원7 대구	달서구갑	책임당원	2021.02.02 고	달서구	죄산동
7	010-5656-	21065513	1976	박	여성	책임당원	책임당원7 대구	달서구갑	책임당원	2021.01.29 김	달서구	용산동
8	010-9296-	21065357	1987	김	여성	책임당원	책임당원7 대구	달서구갑	책임당원	2021.01.28 임	달서구	죽전동
9	010-5267-	21065428	1944	유	남성	책임당원	책임당원7 대구	달서구갑	책임당원	2021.01.28 정	달서구	용산동
10	010-2523-	21063897	1986	이	남성	책임당원	책임당원7 대구	달서구갑	책임당원	2021.01.15 김	달서구	장기동
11	010-7791-	21063069	1976	김	여성	책임당원	책임당원7 대구	달서구갑	책임당원	2021.01.12 류	달서구	용산동
12	010-4052-	21063028	1966	장	여성	책임당원	책임당원7 대구	달서구갑	책임당원	2021.01.12 김	달서구	용산동
13	010-8794-	21062945	1969	김	남성	책임당원	책임당원7 대구	달서구갑	책임당원	2021.01.12 홍	달서구	신당동
14	010-3544-	21063026	1960	김	남성	책임당원	책임당원7 대구	달서구갑	책임당원	2021.01.12 김	달서구	용산동
15	010-4761-	21062560	1978	한	남성	책임당원	책임당원7 대구	달서구갑	책임당원	2021.01.08 김	달서구	파호동

예컨대, 위 사진에서 보는 것처럼 당시 홍준표 캠프에서 29,000명 당원의 개인 자료가 미래한국연구소에 넘어가게 되고, 위 사람들의 성향을 분석해서 이 중 홍준표를 지지하는 사람들 것만 추려서 다시 파일링을 하고, 여론조사를 할 때는 위 자료에 있는 사람들에게 전화를 걸어서 누구를 지지하느냐고 묻는다는 거죠. 그러면, 당연히 홍준표 씨를 지지하는 사람들의 퍼센티지가 높게 나오겠죠. 그렇게 높은 결과를 두고 '봐라, 홍준표의 지지세가 이렇게 높다'라고 하면서 같은 당의 다른 후보를 떨어트리는 방식으로 조작이 이루어졌다는 겁니다.

또 하나는 아예 유리한 결과치를 마음대로 부풀리는 방식도 있어요. 예컨대 2022년 선거에서 김영선이 전략공천을 받아야 하는데, 당에서는 김영선이 너무 무능력해서 안 된다고 하던 때였죠. 그러자 이준석을 당 대표가 되도록 도왔던 명태균이 이준석에게 김영선에 대한 공천을 부탁합니다. 그러자 이준석이 명태균에게 김영선이 이기는 결과가 나오면 갖고 와 보라고 얘기를 해요.

⟨강혜경-최용휘 카톡 대화 캡처⟩

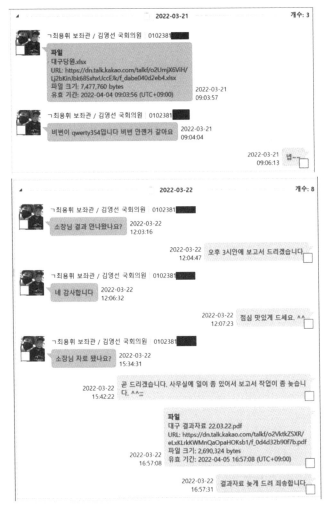

(위 자료는 당시 민주당에서 기자회견을 하면서 공표한 자료인데, 이 카톡 대화 멤버 중 최용휘는 홍준표 캠프에 있던 홍준표의 최측근이자 홍준표 아들의 친구라고 알려져 있다. 이 사람은 김영선 국회의원 보좌관으로도 일하고, 대구시에서 공무원으로도 일했다고 한다. 홍준표 시장은 당시 최용휘와의 관계를 부인했지만, 결국, 그 관계성은 명확해 보인다.)

그러자 당시 더불어민주당의 김지수 후보가 있었는데 그 사람과 2인 구도로 조사를 돌리는 거예요. 그럼, 경남 창원의 지역 특색 상, 당연히 김지수에게는 이기겠죠. 그런데 김지수 씨를 이긴다고 나와봐야 소용이 없는 거예요. 당시의 지역구는 김종양이라는 후보가 거의 유력한 후보였는데 당에서는 김영선이 김종양 씨를 이긴다는 결과를 가지고 와 보라고 한단 말이에요. 그러니까 아예 맘대로 만들자고 해서 김영선은 몇 %, 김종양은 몇 %로 미리 결과를 정해놓고 데이터 조작을 해버린 거죠. 그리고 앞에 조사했던 데이터를 수정해서 선관위에 조사한 것처럼 올려요. 강혜경 씨는 이런 식의 조작에 대해 분명하게 검찰과 언론에서 이야기했는데, 명태균 씨는 이것 역시 부인하는 취지로 주장을 하고 있어요. 하지만 이미 관련 육성 녹음이 공개된 것이어서 이 부분을 어떻게 부정할 수 있는지 궁금하기까지 합니다.

정정현 : 그게 걸릴 수밖에 없지 않나요?

노영희 : 당연히 걸리죠. 그런데 폭로하지 않는 이상 밝혀

내기가 어렵잖아요. 이 사실을 강혜경 씨가 폭로한 겁니다. 그전까지는 이게 좀 이상하다고 선관위에서 여러 번 조사해서 선거법 위반으로 고발하기도 했는데, 그런 게 워낙 많으면 다 잡지도 못해요. 강혜경 씨 말로는 미래한국연구소의 여론조사에서 중요했던 것은 '로우 데이타 제공'이라고 했는데, 그게 실제로는 진짜 당원명부를 입수해서 성향 분석을 해놓았던 자료들을 이용하는 형태였던 것 같아요.

이미 말한 것처럼 예컨대, 몇만 명의 당원명부를 들고 그중 일부에게 미리 전화를 돌려 특정 후보를 지지하는지 확인해놓아요. 그리고 무작위로 전화하는 척하면서 이 사람들에게만 그 특정 후보에게 유리한 결과를 만들 수 있겠죠. 이런 식인 거예요. 거기서 그치지도 않아요. 조사하기 전날에는 같은 여론조사를 미리 시행해서 본인이 미는 후보를 지지하지 않는 번호에 계속 반복해서 전화를 건다는 거예요. 그러면 그 사람이 질려서 다음날 실제 여론조사를 해도 전화를 받지 않게 한다는 거예요. 그러니까 설계를 조작하거나, 표본을 조작하거나, 결과를 조작하거나, 다른 지지자들의 조사 참여를 방해하거나, 별의별 방법을 다 쓴다는 거죠.

정정현 : 로우 데이터Raw Data가 나오면 거기에서 합법적으로 가중치를 주는 기법은 있어요. 표본이 미달하면 모든 배경 변수별로 일정하게 가중치를 부여하여 전체 표본비율을 맞추는데 판별분석, 효율지수법 등의 방법이 있는데, 그것처럼 위장하면서 특정 샘플을 단순 반복해서 더하거나 곱하는 '텀블링'을 하는 방식이죠. 그러니까 특정 표본이 2배로 늘어나는 거죠.

노영희 : 맞아요. 그 방법도 썼대요.

정정현 : 명태균은 특히 리스트에 집착하고, 이것을 이용해서 써먹는 데는 귀재라고 하더라고요. 인쇄업을 할 때 전화번호부 광고 사업과 동창회 명부 제작을 하면서 모을 수 있는 리스트는 모두 모아 이걸 어떻게 활용할 것인가 하는 고민을 했다는데, 그건 심리적으로 어떤 성격이라고 볼 수 있는가요?

노영희 : 글쎄요. 일종의 '항문기 고착적' 특성이 아닐까요. 지금은 프로이트 무의식 이론이 정확히 맞지는 않지만, 그

이론에 따르면 구강기, 항문기, 남근기, 이런 식으로 발달 단계를 이루는데, 뭐든지 모았다가 한꺼번에 배설하거나, 모아서는 갖고 놀거나 하는 행동을 잘하는 것을 항문기 고착적 특성으로 보는데 자료를 버리지 않고 모아서 다시 재구성하고, 자기가 필요로 하는 것들을 조합하고 새로운 것으로 만들어내는 거잖아요. 마치 아이들이 자신의 배설물을 가지고 노는 식이라는 거죠. 어쨌든, 명태균 씨는 그런 식의 일을 잘했던 것 같아요. 사람들의 관계도 조그만 끈이라도 있으면 그걸 연결하고 또 연결해 나가면서 나중에 어떻게든 써먹을 수 있는 계기를 마련해가고자 하는 거죠. 이번에도 자기 핸드폰에 전화번호가 5만 개가 넘게 나왔다는 얘기 나오잖아요. 그게 다 그런 식인 거죠.

2. '황금폰'의 내력

정정현 : 휴대폰이 하나가 아니라고 하더군요. 사람들은 황금폰이 도대체 어떤 거냐고 궁금해합니다. 황금폰이라는 건 도대체 어떤 역할을 한 겁니까?

노영희 : 이 사람은 시기별로 사용하는 핸드폰을 하나씩 갖고 있었고요. 2019년부터 2023년도까지 사용한 것이 1개, 이게 가장 중요한 핸드폰이고. 그때부터 한 1년 정도 사용한 것이 1개. 그로부터 또 1년 정도 사용한 것 1개. 이렇게 해서 3개가 있었고, 나머지는 USB에다 따로 저장해 놓은 자료가 있다는 얘기예요.

왜 그 핸드폰을 황금폰이라고 부르냐면, 2019년도부터 4년 정도 사용해서 정보가 가장 많이 든 폰이라서 그러기도 하지만, 명태균의 아이 이름이 '황금'이에요. 여자앤데 이름이 '명황금'. 그 아이 이름을 따서 황금폰이라고 불렀어요. 그 아이가 중요한 게, 김건희하고 윤석열을 대통령으로 만들기 할 때, 명태균 씨의 아이가 발달이 좀 느려 잘 걷지를 못했나 봐요. 명태균이 "우리 아이가 대선 전에 걸으면 당선되는 것이고, 대선 전에 못 걸으면 안 된다고 봅시다." 이랬대요. 그런데 진짜 대선 전에 걸었대요. 그리고 진짜 당선이 됐다는 거예요. 명태균은 너무 기뻐서 김건희에게 전화해서 "우리 황금이가 걸었어요. 여사님. 그때 말했잖아요. 황금이가 걸으면 대통령 된다고. 꼭 될 겁니다. 절 믿으십시오." 김건희 씨가 그 아이와 아이 엄마와 영상 통화를 해요. "황금이 정말 훌륭하구나, 이 고모가 잘해줄게" 하면서.

정정현 : 그럼 황금폰도 일종의 주술과 같은 의미였네요?

노영희 : 네. 그 두 사람에겐 그럴 수밖에 없죠. 김건희는 그 사건을 남편이 대통령에 당선되는 하나의 신호로 봤던 거예요. 워낙 주술적인 것에 믿음이 강하니까. 예전에, 캄보디아에서 아이 안고서 사진 찍었던 스캔들도 명태균이 재수 없는 꿈을 꾸곤 캄보디아 가지 말라고 그랬는데 결국, 가서는 구설에 올랐다고 해요. 명태균은 자기가 무언가 한 가지에 계속 집중하면 그와 관련된 신기가 나온다고 말해요.

정말 신기가 있는지는 모르겠는데, 처음에 제가 강혜경과 김태열을 만나서 명태균에 관해 물어보니 자기들도 어느 정도는 신기가 있다는 걸 느꼈다는 거예요.

권성동 의원이 강원도 어느 모임에서 술에 취해 동참했던 부부 중에 한 여자에게 성희롱한 적이 있었어요. 그 사건이 바로 그 꿈을 꾼 후 얼마 되지 않아서 벌어져 한참 시끄러웠거든요.

또 어떤 날은 명태균이 벙거지 쓴 여자를 봤는데 불길하다면서 김건희네 집에 안 좋은 일이 생길 것이라고 말했는데, 정말 며칠 후 어머니인 최은순이 구속이 돼 버렸다는 거예요. 그런 몇 가지 사례가 있대요. 하여튼 김건희가 주술적인 것에 깊이 빠져 있으니까 그게 약한 고리거든요. 그것을 명태균이 짚어주고 탁 건드려주면 김건희는 정말 그런가보다 하며 의존하게 돼버린다는 거예요. 서로 간에 코드가 맞았다고 그러더라고요.

정정현 : 용하다는 사례들을 분석해 보면, 10가지 중에 한두 가지만 맞으면 거기에 꽂혀서 용하다는 소문으로 나버

리더군요.

노영희 : 심리학 이론에 그런 게 있어요. 최근이든 오래되었든 간에 대표적인 현상이 나에게 딱 꽂혀버리면 그것이 나머지 정보를 다 없애버려요. 그것 하나만으로 마치 모두가 다 맞는 것처럼 착각해 나머지를 다 단순화시켜 버리거든요. 김건희도 내용 한두 가지만 맞아떨어지는 듯하면 거기에 더 능동적으로 빠져드는 거죠. 오히려 자기가 더 적극적으로 얘기하면서 머릿속에 다시 새롭게 구조화가 되는 거예요. 명태균이 그런 식으로 일을 잘 벌이는 것 같아요.

명태균이 자기가 구속되고 나면 한 달 만에 윤석열은 탄핵당할 것이라고 말했잖아요. 이런 것도 딱 맞춘 것처럼 돼버렸잖아요. 제가 명태균을 만나면서 느낀 건, 시중에 나와 흩어져 있는 정보들을 수집해서 자기 식대로 분석하고 조합해서 자기만의 직관적인 결론을 잘 내는 것 같아요.

정정현 : 그렇지만 결국 자신들의 한 치 앞 운명조차도 알아차리지 못했다는 게 참 우습기도 하네요.

노영희 : 지금은 구치소에 있으니 그런 정보를 못 얻잖아요. 그러다 보니 상황에 대한 인식이나 판단 능력이 떨어지고 바깥에서 보이던 능력이 안 나타나는 거라고 봐요. 그동안은 어떤 이슈나 아이템에 집중해서 그와 관련된 여러 가지 정보들을 모아 통합적으로 분석하고 결정 내리는 판단 능력이 매우 좋은 사람이었는데, 그걸 사람들은 신기神氣라고 부르는 게 아닐까 싶어요. 거기에다, 나름 말하는 기술이 있고 상대방의 심리를 파악해 약한 고리를 찾아내는 것을 잘하는 것이 아닌가 하는 생각을 합니다. 약한 고리를 찾아내서 자기 식대로 해석하고 살을 붙이는 거죠. 그렇다면 상대방도 놀라며 자기도 모르게 정보를 막 흘리게 되거든요. 그럼 또 그 정보를 합쳐 심리적으로 의존하게 만들면서. 그리고 뭐든 굉장히 자신 있게 말해요. 마치 자기의 말이 사실인 것처럼. 그런데 지금은 외부의 정보와 차단된 상태에선 깜깜이가 돼버린 거죠.

정정현 : 그 황금폰의 내용에 대해 강혜경 씨나 명태균 씨에게도 얘기 들었을 텐데, 여태까지 알려지지 않은 부분이 또 있을까요?

노영희 : 구체적으로 제게 얘기하진 않았는데, 워낙 많은 사람에 대한 정보들이 가득하대요. 지자체장들 포함해서 전. 현직 국회의원 140여 명에 관한 내용이 다 들어있다고 합니다.

정정현 : 전화번호만 140명이 있다는 건지. 아니면 140명과 관련된 이야기들이 들어있는 건지?

노영희 : 전화번호는 55,000개가 들어있고. 자기가 작업해 준 사람이 140명이라는 거죠. 여론조사든 컨설팅이든, 정치공작이든 140명에게 해줬다는 얘기고, 그중 핵심이 되는 30명은 이번 대선에 나오면 정치 인생을 끝장낼 수 있는 사람들이라는 얘기죠. 그 대표적인 인물이 오세훈과 홍준표 시장이라는 거죠. 이준석도 포함되고.

포렌식을 하면 자기가 잊어버렸던 사실도 다 나오잖아요. 그런데 감방에 들어가 있으면 그 모든 게 다 기억나진 않아요. 비중 있는 사람과의 일은 기억하겠지만, 비중 없는 사람들에 대한 일은 자기도 잊어버리고 머릿속에만 잠재되어 있겠죠. 나중에 포렌식 한 결과가 나와서 직접 훑어보면 기억하겠죠. 포렌식 결과는 변호사들이 참관해서 봐요. 변호사가 얘기해주면 그때야 이 사람도 기억난다고 하는 식인 거예요.

지금 가장 문제가 되는 건 이준석이 붙여 준 여태형 변호사입니다. 명태균 씨 변호사가 2명이 있는데 그중에 한 명이 여태형 변호사고 한 명이 남상권 변호사예요. 여태영 변호사는 처음에는 없었던 사람인데 포렌식 할 때 필요한 사람으로 추가로 선임이 됐어요. 어떻게 선임이 됐냐면, 명태균이 돈이 없어서 못 구하고 있었는데 이준석이 변호사로 쓰라고 보내줬다는 거예요.

정정현 : 그렇다면 여태형 변호사는 그 포렌식 내용을 다 봤을 거 아녜요?

노영희 : 그 내용이 이준석에게 다 가고 있을 거라는 거죠. 그게 위험하다는 거죠. 명태균은 자기가 힘에 부치니까 맨 처음 변호를 맡았던 김소연 변호사를 다시 선임할까 하고

김소연도 불렀대요. 그런데 김소연과 이준석은 완전히 상극이니 당연히 이준석이 보낸 여태형 변호사가 선임된 상황에서 김소연이 다시 들어올 수는 없죠.

3. 브로커 명태균의 고객, 대권주자들

정정현 : 명태균은 홍준표에 대해 가장 감정이 좋지 않은 것 같더군요.

노영희 : 언론에 나와서도 '완전 쓰레기'라고 그랬잖아요. 홍준표와 오세훈은 똑같이 쓰레기, 양아치라고 해요. "절대 가만두지 않는다. 이 사람들, 내가 끝장내버리겠다." 계속 그 얘기만 했어요. 이 두 사람에 대해선 확실히 끝장낼 수 있는 게 있는데, 지금은 참고 있다가 대선 때 터뜨리겠다고 했어요. 하지만, 제가 봤을 땐 더 나올 것이 없어요. 지금까지 나온 것만 해도 크고 증거 자료는 포렌식에 모두 나와 있다는 얘기고 여론조사를 어떻게 했는지부터 시작해 자기가 나가면 더 터뜨릴 것이 많다는 주장인 거죠.

정정현 : 오세훈 서울시장은 홍준표 시장보다는 명태균게이트로부터 부담이 적다고 보십니까?

노영희 : 홍준표에 비하면 상대적으로 오세훈이 그나마 나

은 편이라고 해요. 오세훈의 경우 여론조사비를 후원자인 김한정이 대납해준 건데 김한정만 자기 스스로 오세훈과 무관하게 자신이 궁금해서 해봤다고 해버리면 오세훈이 직접 걸릴 게 없죠. 게다가, 강철원 전 부시장이 명태균을 엄청나게 싫어했고 갈등이 있었다고 하잖아요. 그건 사실이거든요. 강철원도 그렇게 증언하지만, 강혜경과 명태균도 강철원과는 사이가 너무 안 좋아서 싸웠다는 말은 계속하고 있거든요. 이런 점에서 오세훈이 그나마 이번 정치적 위기에서 살아남기 쉬운 처지에 있다는 거죠. 이번에 오세훈이 대권 도전을 멈춘 것은, 지금 시끄럽기도 하고 어차피 본인이 될 것 같지도 않은데 이 국면에 뛰어들어 상처를 입고 오물을 뒤집어쓰기보다는, 차라리 잊히기를 기다렸다가 다음 서울시장을 한 번 더 노리고, 그 후 대권으로 직행한다, 이런 시나리오가 아닌가 싶어요. 아직 나이도 젊으니까 자기는 미래를 노리겠다는 생각이 있는 거예요.

오세훈도 명태균과의 관계를 부인하다가 나중에 말이 바뀌는 과정을 보면 웃기잖아요. 처음에는 "명태균이 여론조사를 가지고 왔는데 하도 어이가 없어서 연을 끊었다"라며 거짓말했다가, 명태균이 문자메시지와 에피소드를 폭로하니까 "그 사람과 헤어지는 과정이었다."라고 둘러댔죠. 김병민 정무부시장이 방송에 나와서 한 얘기 들어보면 더 가관이에요. 처음에 오세훈과 명태균이 몇 번 만났던 건 사실인데, 강철원 부시장이 오세훈 시장 모르게 명태균과 여론조사 관련한 논의를 몇 번 했지만, 서로 생각과 조건이 안 맞아서 2월에 다 정리했고, 오세훈은 아무것도 모르는 상황이었다고 정리해요. 오세훈이 몰랐다는 게 말이 안 되죠. 하지만 어쨌든 표면적으로는 오세훈이 직접 돈을 준 게 없다는 얘기고요. 그 대신 측근인 박OO이 "김 원장한테 돈을 빌려야 되겠다."라고 했다든가, 오세훈 시장이 "내가 돈을 쓰면 문제가 생길 수 있으니 돈은 안 쓴다."라는 얘기한 것만 사실이고, 나머지는 모두 거짓말 같아요.

홍준표는 어찌어찌 버티고는 있지만, 홍준표 전 시장도 사실 한계가 드러났고, 김문수도 사실은 여기까지라고 봐야겠죠. 확장성이 거의 없으니까. 반면, 이준석은 그나마 젊으니 지금 버틸 수 있는 거겠죠. 이준석은 나이가 제일 어리니까 어차피 조금만 더 지나면 다시 국민의힘과 합류할 수 있다고 생각하고 있을지도 몰라요. 이번 대선 출마를 통해 정치적 무게감을 높이고 지지세력을 모을 수 있다고 판단하는 거죠. 그렇다면 차차기 대선이 또 돌아오고.... 이게 다 돌고 도는 정치라는 거죠.

정정현 : 지금까지의 상황을 보면 오세훈 시장이나 홍준표 시장이 너무 강력하게 부인하니 대중들이 오히려 뭔가 켕기는 게 있지 않나? 하는 것에 반해 이준석은 "그거 뭐? 내가 당 대표를 할 때 만났어. 그게 뭐가 문젠데?" 이러니 떳떳한가 보다 하거든요. 변호사님 보시기엔 이준석은 문제 될 만한 게 없는지요?

노영희 : 많죠. 이준석이 제일 문제죠. 왜냐하면, 이준석이 당 대표를 하면서 김영선의 전략공천을 본인이 수락해 준 거잖아요. 그리고 지방선거 때까지 당 대표였으니 당에 관련된 선거 자료라든가 정보를 많이 알고 있었을 거 아니에요. 당연히 이준석과 명태균이 손을 잡고 지방선거와 관련한 공천이며 여론조사며 여러 작업을 했을 것이라는 의혹이 있겠죠. 처음에 명태균이 이준석에 관해 침묵했던 건,

그래도 이준석은 자기를 부인하지도 않고 비난하지도 않으니까 고마웠던 거죠. 명태균을 부인도 안 하고 '선생님'이라고 칭했던 사람은 이준석밖에 없어요. 오세훈하고 홍준표는 명태균을 부인하고 비난했잖아요.

처음엔 이준석이 대통령이 될 수도 있다고 생각했던 것 같아요. 원래는 오세훈이 대통령 될 거로 생각을 했었죠. 얼굴도 잘생겼고 말도 잘하고 하니까. 그런데 중요한 건 오세훈 시장이 자기 말은 안 들어요. 그러니 오세훈은 배신자고 양아치라고 생각하고 버리게 된 겁니다. 홍준표는 명태균에게 좋다고 했지만, 아시다시피 홍준표는 자기 식대로만 하잖아요. 당연히 자기가 통제를 못 하니 욕하기 시작한 거예요.

정정현 : 이준석은 통제할 수 있다고 본 걸까요?

노영희 : 이준석은 나이가 어리고 신선하니 다른 정치인들보다 훨씬 비전도 있잖아요. 게다가 10년 동안 아무것도 안 되던 이준석을 본인이 당 대표로 만들어냈다는 자부심

이 있는 거예요. 그래서 서로 '형님, 동생'이라 부르며 친하게 지냈어요. 이준석은 내가 언제 형님이라고 했느냐고 투덜거리지만, 명태균에게 이준석이 형님 소리를 했다고 증언해주는 사람은 사실 많아요. 어쨌든, 이준석이 당 대표가 되기 전까지는 아무것도 아니었는데 당 대표로 만들어줬으니 명태균이 고마운 거겠죠. 당 대표 선거 때 역시 여론조사로 장난을 많이 쳤대요. 여론조사 비용도 이준석은 대지 않았다고 하고요. 그 돈을 누가 댔냐 하면, 김ㅇㅇ도 댔고 누구도 댔고 십시일반 앵벌이 해서 모아서 댔다고 그랬잖아요. 그러니까 이준석은 결국 명태균이 만들어 준 사람인데다, 명태균의 말로는 "어차피 윤석열은 2년 반이면 끝나니까 개헌해서 임기 단축해 버리고, 다음에 대선 때는 네가 40살이 되니까 출마해라. 우리 한번 잘해보자."라며 자기들끼리 의기투합했다는 것이거든요. 어쨌든 이준석은 명태균에 대해 의리를 지키려고 여지를 두고 있었던 것 같아요. 그러다 요즘에 와서 관계가 완전히 망가지게 된 거죠.

정정현 : 이준석이 당 대표 선거에 나설 때부터 명태균과 가깝게 되었으니, 더 많은 문제가 있을 수 있다고 봐도 되는가요?

노영희 : 이준석과 김건희가 전화를 엄청나게 많이 했잖아요. 그런데 그렇게 통화한 내용이 구글 클라우드에 저장되니까 명태균처럼 증거로 확보할 수 있는 게 없어요. 그러니 압수수색도 못 해요. 그래서 이준석은 버틸 수 있는 겁니다. 실제로도 김건희와 이준석과 명태균, 그리고 김종인은 서로 사이가 매우 좋았던 것 같아요. 이 4명이 맨날 윤석열 옆에 있는 윤핵관들과 싸웠어요. 이준석이 당 대표에서 쫓겨나고 가처분 신청하고 난리가 났을 때, 중간에서 조율한 답시고 명태균과 김건희가 나섰어요. 그런 식으로 김건희가 관여한 내용을 이준석이 많이 알아요. 알면서도 자기는 입 다물고 가만히 있는 거예요. 그런데 당 대표라면 그러면 안 되잖아요. 당 대표의 역할을 제대로 못 한 거죠. 오히려 본인이 명태균과 불법에 공모한 셈이 됐죠. 그런 것들을 안 한 척하며 버티고 있었던 거죠. 그런데 이준석과의 관계는 명태균의 PC와 핸드폰에 다 들어있었어요. 그래서 명태균과 이준석 간의 관계를 포렌식으로 검찰은 다 알고 있어요.

정정현 : 명태균의 사람들'에 관한 이야기를 좀 더 해보겠습니다. 명태균이 말하는 김종인은 어떤 사람이든가요?

노영희 : 한마디 하면 다 알아듣고 굉장히 똑똑하고, 자기와 말이 정말 잘 통하고, 정치적인 아버지로 삼고 싶을 정도로 훌륭했다고 해요. 하루에 열다섯 번도 더 자기에게 전화해서 물어보고, 아침마다 모닝콜 해주던 사람이었는데도 자기와의 관계를 부인하는 것을 보고 섭섭하고 속상했다고 해요. 하지만 그래도 이해한다고는 하더군요.

정정현 : 김종인 씨도 노회老化해서 사람을 함부로 품지 않거든요. 그런데 그렇게까지 했다는 것은 명태균을 꽤 신임했다는 얘기가 아닌가요?

노영희 : 김종인 씨는 처음에 그랬대요. 명태균 같이 직관적으로 탁탁 만드는 사람을 본 적이 없다고. 처음에 명태균이 하는 얘기를 듣고 깜짝 놀랐다고 했대요.

정정현 : 선수(?)끼리 서로 알아본 건가요?

노영희 : 명태균 씨가 했던 말을 다 자기 말인 것처럼 하기도 했대요. 김종인이 명태균에게 아침마다 전화했대요. 명

태균 씨 부인인 이승은 씨의 말에 의하면 매일 아침 6시만 되면 전화해서 어떤 이슈나 사안에 대해 "명 박사는 어떻게 생각해?"라고 묻곤 했대요. 그래서 명태균이 한마디씩 해 주면 그것을 언론에다 가서 본인이 한 말인 양 하는 식으로 신뢰했었다고 해요.

정정현 : 이분도 나름 정치의 대가大家라고 하는 사람인 데.... 높은 지위에 있는 사람일수록 누군가를 쓰려고 할 때 요구하는 것이 '내 입속에 혀가 되어 달라'는 말을 많이 해 요. 명태균이 그렇게 맞춰줬다는 거겠죠.

노영희 : 그래도 결국 문제가 터지니까 완전히 선 긋고 "그 런 적 없다"라는 식으로 나오는 게....

정정현 : 김종인 같은 분은 그래도 정치계의 원로이자 산 증 인인데, 그런 분도 명태균과 엮이게 되었다는 게 참 의아합 니다.

노영희 : 황금폰에는 김종인 관련 내용도 다 나와 있대요.

김종인이 나쁜 게 뭐냐 하면, 명태균이 선거할 때 필요한 자금을 A, B, C, 이런 사람들에게 다 받았다는 건데, 그때 본인이 김종인 같은 사람과 끈이 있다는 것을 과시해야 하니, 이들을 데리고 김종인이 있는 광화문의 '경희궁의 아침' 오피스텔로 가서 인사를 시켰다는 거예요. 그때 명 씨의 운전을 해주던 김OO과, 배OO, 김태열 씨 등이 명태균과 같이 갔었다고 하니 부인할 수 없는 얘기죠.

오피스텔에 가서, 김태열과 김OO는 밖에서 기다리고, 명태균 씨는 김종인과 같이 사무실 안으로 들어갔는데, 나중에 명태균이 김종인과 같이 밖으로 나왔대요. 그러고는 사람들이 있는 앞에서, 배OO을 지목하면서, 김종인에게 "이 사람이 군자금 대는 사람입니다"라고 하면서 소개를 해줬대요. 그 말은 '돈'을 줬다는 얘기로 해석이 되고, 실제 그랬다면 그 선거 자금은 불법이잖아요. 그러면 당연히 김종인 같은 사람은 그걸 지적하고 못 하게 해야 하는데, 김종인은 다 알면서도 "잘됐네, 다행이네."라며 입 닦고 모르는 척하며 넘어가고, 정치자금법 위반인 거 뻔히 다 알면서 넘어갔다는 겁니다. 또 명태균이 한 말을 마치 자기가 하는 말인 것처럼 포장해서 자기가 현인賢人인 것처럼 언론에서 떠들고 했는데, 그게 다 명태균의 작품이었다는 것도 사실은 부끄러운 거죠.

그리고, 이들은 아크로비스타에도 이런 식으로 찾아가곤 했었다는 건데, 어쨌든 목격자와 증인이 있으니 이 부분에 대해서는 부인을 못 하겠죠. 그리고 그때 제일 친하게 지냈던 사람이 이준석인데, 이준석, 명태균, 김종인이 그렇게 서로 가까웠고, 김건희도 한몫했던 거죠.

정정현 : 나경원에 대한 명태균의 평가는 어땠습니까?

노영희 : 나경원도 서울시장 후보 경선 여론조사 할 때 오세훈을 이기고 있었어요. 나경원이 서울시장이 되는 건데 여론조사를 조작해서 오세훈을 이기게 해준 거거든요. 나경원과 안철수는 똑같아요. 안철수도 그렇게 오세훈에게 당해서 후보로 나가려고 했다가 결국은 단일화해서 물러난 거잖아요. 나경원과 안철수가 오세훈 때문에 당한 거지요.

정정현 : 당시 공천관리위원장이었던 윤상현에 대해서는
요?

노영희 : 윤상현은 그냥 나쁜 놈이라면서 윤상현 얘기는 계
속 나와요. 윤상현, 윤한홍, 권성동, 이 사람들은 김건희 라
인이 아니었대요. 그래서 정권 초기에 '윤핵관 대 김핵관'의
싸움이 벌어졌었다는 거죠. 윤석열이 대통령 될 때까지는
윤핵관들이 그렇게 나서지는 않았어요. 그때까지는 김건
희 세력이 엄청나서 자기가 진두지휘하다시피 해서 명태
균과 같이 대통령을 만들어낸 거잖아요.

홍준표와의 경선 때도 여론조사를 조작해 홍준표를 누르
고 후보가 된 거잖아요. 그런 다음 점점 김건희의 세력이
커지니까 윤핵관 그룹이 갑자기 나타나 대통령에게 김건
희를 바깥에 내보내면 안 된다고 말한 거예요. 그리고 윤석
열이 윤핵관들의 말을 조금씩 받아들이려다 보니 김건희가
열 받은 거예요. 그런데 그때는 김건희가 할 수 있는 게 없었
죠. 공적인 지위가 없으니까. 그때 이준석과 김핵관들이 연
합전선을 펼치며 윤핵관들과 맞서 싸워요. 집권 초 '개 사과'

건이 문제가 되었을 때 권성동 의원이 혼났다는 거잖아요. 권성동 의원이 김건희에 대해서 제발 자중하고 나오게 하면 안 된다, 대국민 사과도 그렇게 하면 안 된다고 했다가 그 부인인지 본인인지가 출입 금지당했다고 나오잖아요. 그렇게 계속해서 김핵관과 윤핵관의 싸움이 진행됐던 거예요.

당시 역할을 했던 게 명태균과 이준석이라는 거예요. 그때 윤핵관이 윤한홍, 권성동, 이런 사람들인데, 그렇게 약 1년을 서로 싸워요. 이준석을 쫓아낸 것도 김건희가 아니라 윤핵관들이거든요. 그때부터 힘은 점점 윤핵관 쪽으로 가요. 공식적인 지위가 있고 나서서 말할 수가 있으니까. 김건희는 오히려 더 뒤로 물러나는 상황이 된 거죠. 그때는 공천권을 휘두를 선거도 없었잖아요. 선거가 없는 1년 동안에는 나서지 않고 실질적인 이득을 취하는 쪽으로 가려고 했던 거죠. 그래서 수소 사업도 하고, 우크라이나 재건사업 한다며 뛰어들어 이득을 얻으려 그랬죠. 자기네들끼리 맨날 헛꿈 꾸고 헛소리를 많이 하는 일들이 벌어졌었다는 거죠.

윤석열이 능력이 없는 건 뻔히 알지만, 사실 문재인 정부의 무능한 이미지와 실정으로 인한 반사이익으로 대통령이 된 거잖아요. 문재인만 반대하면 무엇이든 되는 분위기였으니까. 정치인은 하늘이 낸다는 게 바로 그런 것 같아요. 능력이 있고 올바른 게 의미가 없어요. 안철수를 보세요. 생각도 많고 올바른 사람이 맞아요. 나쁜 짓이나 비리도 없고 크게 잘못한 것도 없어요. 그런데 왜 안 되겠어요? 누구든 '나의 대통령으로 뽑고 싶은 사람'을 떠올려 본다면, 뭔가 화통하고 리더십과 카리스마가 있는 것 같고, 바보스러워 보여도 인간적인 면모나 연민의 정을 느낄 수 있는 뭔가 '매력'이 있는 사람을 좋아하는 건 인지상정입니다. 그에 비해 안철수는 말도 어눌하고 이랬다저랬다 하는 사람, 평생 양보만 하는 사람, 그런 사람을 대통령감으로 원하지는 않는 것 같아요. 정치인이라면 사람들을 휘어잡을 줄 알아야 하는데, 그를 끝까지 돕는 정치인도 없고, 그 사람 주변에만 가면 갔다가 다 욕하며 떠나버려요. 그런 사람이 대통령이 되기는 어렵겠죠.

정정현 : 아까 박형준 부산시장 얘기도 했는데, 박형준 시장이 연루된 부분이 있나요?

노영희 : 부산시장 선거 당시 박형준 후보도 여론조사를 많이 했거든요. 그래서 명태균이 자기가 "박형준 부산시장도 내가 만들어줬다."라고 계속 그랬죠. 그리고 더 중요한 건 명태균이 국민의힘 전체의 당원명부를 갖고 있어요. 박형준도. 홍준표가 당원명부를 가지고 여론조작을 해버렸다는 말을 관계자들에게서 들었었어요. 강혜경 씨는 특히 미래한국연구소에서 명태균 씨가 잘했던 것이 로우데이터를 이용하는 거라고 했어요. 그리고 그 로우데이터를 고객들에게 제공하면서 작전을 짠다고도 했죠. 로우데이터를 인위적으로 조작해서. 하지만, 명태균 씨는 여론조작 얘기만 나오면, 문제가 될 거로 생각해 그런지, 갑자기 부인했는데, 이미 언론에 다 나온 것들도 아니라고 해버려요. 재판에서 그런 내용이 다 밝혀지면 더는 말을 못 할 텐데. 누구 말이 맞는지는 끝까지 봐야겠어요.

정정현 : 원래 당원명부는 외부 유출금지 아닌가요?

노영희 : 당연히 안 되죠. 그런데 자유한국당 시절에 홍준표 대표가 그걸 이용했잖아요. 그런데 홍준표는 자기가 안

줬다, 최용휘가 본인과는 무관하게 유출한 거라고 최 씨는 아르바이트를 써서 우리가 서포트해 준거다, 이런 거짓말을 했는데, 57만 명의 당원명부가 그대로 명태균에게 넘어갔고, 그걸로 로우데이터를 조작했고, 57만 명 당원 사람들에게 일일이 다 전화하고 성향을 먼저 확인해서, 그다음에 여론조사 할 때는 그 성향에 맞춰 내가 원하는 방향으로 여론조사 결과 나올 수 있도록 샘플 조작을 했다는데, 단순히 아르바이트생이 잘못 유출했다고 하는 건 믿기 어렵죠. 그 자료를 이용해서 유리한 응답자만 골라서 전화를 돌리는 방식으로 여론조작이 있었다는 거고,

정정현 : 혹시 한동훈과 이재명에 관해서는 특별한 얘기가 없었나요?

노영희 : 이재명은 절대 대통령은 안 된다고 하죠. '검찰이 한동훈 라인으로 다 돌아서서 밀어주고 있어 이 사건이 앞으로 어떻게 될지는 모르지만, 만일 이재명이 되면 검찰은 작살나고 민주당의 기본 방향은 검찰청을 없애고 기소청으로 만든다는 거니까, 검찰은 이재명이 되는 것을 싫어한

다. 검찰은 자료를 가지고 있어도 일부러 터뜨리지 않는다. 왜? 윤석열 김건희를 죽이면 이재명만 이득을 볼 텐데 그럴 마음이 전혀 없으니까. 그래서 지금의 수사도 제대로 안 되는 것이다.' 이런 얘기를 계속하죠. 어쨌든 두 번째 접견 갔을 때만 해도 믿을 수 있는 건 한동훈밖에 없다고 생각하더라고요.

그런데 한동훈은 어차피 검찰 기반이 그다지 크지 않고. 정치적 역량이 별로 없잖아요. 당에서도 안 밀어주니 힘도 없고. 12월에 조선일보가 김건희와 한동훈 문제로 거래를 제안하던 때였던 것 같아요. 당시 한동훈은 윤석열의 조기 퇴진을 제안하며 잠깐 주목을 받았고 조선일보의 제안이 깨지면서 결국 쫓겨나게 된 거잖아요. 한동훈은 책에서 비상계엄이 끝나고 당 대표에서 쫓겨날 때까지의 과정을 썼던 데, 그때가 자신이 도약할 수 있는 하나의 기회였던 거죠. 그런데 그 기회를 제대로 못 잡았던 것 같아요. 본인으로서는 아쉬울 테지만, 아직도 그때의 꿈에서 못 벗어나고 있고, 속으로는 명태균게이트가 커지길 바랐겠죠. 그래야 자기만 살아남을 수 있다고 생각하는 거죠.

그런데 전혀 말이 안 되는 게, 그때 대우조선해양 하청노동자 파업이 났을 때 명태균은 내용도 모르는데 김건희가 연락해서 어떻게 하면 좋겠냐고 물어왔다는 거예요. 그러니, 명태균이 대우조선해양 부사장의 보고서를 달라고 해서 봤는데 자기는 잘 모르지만 엄청나게 손실이 많은 것 같아요. 그러니까 이 사람이 대우조선해양까지 찾아가는 도중에 "노동자들한테는 손해배상을 묻는 것이 최고의 전략이니까 손해배상을 엄청나게 크게 청구하면서 세게 밀어붙여야 한다."라는 식으로 조언을 해줬대요. 그러고 나니 김건희는 법무부 장관 부르고, 노동부 장관 부르고 하면서 회의가 열렸다는 거예요. 그래서 실제 대우조선해양 하청 노동자들에 대한 정부 방침이 그렇게 강경하게 된 거죠.

그렇다면 한동훈도 그렇게 친했던 관계인데 그것이 명태균의 조언이었다는 걸 과연 몰랐을까요? 다 알았다는 거죠. 한동훈도 2024년도 1월에 김건희가 보낸 문자를 무시했던 사건이나, '마리 앙투아네트' 사건 등이 벌어지기 전까지는 자유롭지 못해요. 그나마 한동훈은 때가 덜 묻었으니 낫다고 생각하는 것뿐이고, 검찰이 밀어주려고 한다는 것뿐이죠.

정정현 : 함성득 교수 얘기는 또 어떤 건가요?

노영희 : 함성득 교수 얘기도 계속 나오거든요. 함성득 교수는 자기에게 불똥이 튈까 봐 처음에는 매우 몸을 사렸어요. 그러더니 그다음부터는 말을 잘 안 해요. 명태균이 작년 10월에 조선일보에 USB를 주었다고 했잖아요. 원래는 그 USB를 함성득에게 주려고 그랬대요. 그런데 함성득이 "나에게 주지 마라. 나는 대통령에게 넘겨주지도 못하고 관여하고 싶지도 않다."라고 하니 명태균이 시사인의 주진우 기자에게 물어봤다는 겁니다. "아직도 김건희랑 친하냐고. 서로 얘기하냐?"고. 주진우를 통해서 주려고 그런 걸 물어봤겠죠. 그랬더니 대선 전에는 계속 만나던 사이로 아주 친하다고 알려줬대요. 그런데 그 말을 듣고 주진우에게 주었을 리는 만무해 보여요.

정정현 : 주진우 기자는 그 USB를 받았을까요?

노영희 : 실제로는 주진우에게 갔을 수도 있어요. 그런데 주진우는 뭐라고 부인하냐 하면 "명태균 씨 측에서 나에게

아무것도 자료를 안 줬다." 그리고 "명태균 씨 부인에게 내가 여러 번 찾아갔을 때 준다더니 왜 안 주냐?"라고 방송에서는 오히려 자기는 안 받은 것처럼 말을 했어요. 그런데 알고 봤더니 명태균 씨의 부인이 줬답니다. 이 얘기는 스픽스의 전계완 대표에게 들은 얘기인데, 본인들에게 물어보면 또 아니라고 한다는 거죠. 거래 조건이 뭐였냐고 물으니, 자기 남편을 영동 세브란스 병원에 입원시켜주는 거였대요. 다리 수술 때문에. 그 부인의 처지에서는 그게 제일 걱정이었을 거예요. 열흘만 밖에 나가서 수술할 수 있도록 해주면 자기는 얼마든지 방송에도 나가고 국회에도 나가서 증언할 수 있다고. 어쨌든, 공익적 목적에서 명태균 씨가 증언해 줘야 하니 국회에 나가서 말하는 게 꼭 필요하다고 여러 번 말했고, 명태균 씨도 알았다고 했어요. 그래 놓고는 그 USB가 조선일보에 전달됐다는 얘기가 터지고 또 어디로 전달됐다는 얘기가 터진 겁니다.

정정현 : 도대체 USB는 어디로 간 건가요? 혹시 USB가 하나가 아니라 여러 개였고, 명태균이 보험 용도로 여러 곳에 전달한 건가요?

노영희 : 그럴 수도 있어요. 명태균이 2월 27일 전까지 나와서 증언을 해줬어야 했는데, 계속해서 지연작전을 쓰다 보니 시간이 좀 지났어요. 그러니 민주당으로서는 명태균을 하염없이 기다릴 수가 없잖아요. 그래서 27일에 특검법을 통과시켜버린 거예요. 그를 기다려 증언을 듣고 하면 좋았을 텐데 그걸 계속 기다릴 수가 없어서죠. 하도 약속대로 안 하니까. 그 사이, 이미 USB는 조선일보로 갔는데 복제된 USB가 5개가 있었대요. 복사본을 5개 만들어 여러 곳에 각각 줬다는 얘기예요. 저에게도 황금폰이니 뭐니, 자료 전부를 복사본으로 만들어 놨다고 그랬거든요. 그거를 여기저기에 다 맡겨놨던 거예요. 처음엔 경남에서 도의원으로 나왔던 장ㅇㅇ라는 사람에게 준다고 그랬어요. 그 사람이 원래 김영선의 맞상대였는데 명태균이 김영선부터 해주고 난 다음에 너 시켜줄 테니까 좀 기다리라고 해서 합의를 하고 그냥 빠졌던 사람이에요. 그러면서 명태균과 친하게 됐는데 장ㅇㅇ이라는 사람도 명태균에게 돈 장난을 많이 쳤던 사람이에요. 어쨌든 그 사람은 그래도 양쪽에서 나쁜 짓을 덜 했나 봐요. 강혜경 씨도 장ㅇㅇ은 착한 사람이니까 건드리지 말라고 해서 안 건드려지게 된 거랍니다.

이런 식으로 명태균은 윤석열과 김건희 쪽에 녹음파일을 가지고 협박하며 거래를 하려고 여러 경로를 통해 엄청나게 노력을 많이 했지만, 오히려 지금은 그게 족쇄가 되었고 이미 내용이 다 공개가 돼버리니까 더는 거래할 무기가 없어진 거죠. 이제는 세상이 명태균에게 별 관심도 흥미도 없어진 거예요. 거기에다 명태균이나 변호사는 자기가 홍준표와 개인적으로 악감정이 많으니 계속 하나씩 터뜨리는 중인데, 처음부터 라인을 만들어 끝까지 일관되게 정리해주든가 해야 했는데, 자기 정치하느라 이곳저곳 하나씩 터뜨리니까 오히려 집중도 안 되고 신뢰는 잃고 효과도 반감되는 거죠. 더욱이 명태균 씨는 보석에서 풀려난 뒤에는 태도가 완전히 달라져서, 그 사람을 절대 믿으면 안 될 지경이 되었죠.

정정현 : 무덤을 스스로 판 거군요.

노영희 : 이 사람들이 어리석은 게 전체적인 그림을 못 본다는 거죠. 자기가 밖에서 정보를 모아 장난치고 할 때는 능력이 있다고 평가받았는데, 지금은 갇혀서 정보가 제한되니

전체적 흐름이나 핵심을 잘못 보는 거예요. 너무 간을 보다가 결국엔 이것도 저것도 못 하고 다 망한 셈이 된 거죠.

4. 명태균 VS 대통령 부부

정정현 : 명태균 씨가 혹시 김건희나 윤석열에 관한 평가를 한 적이 있던가요?

노영희 : 윤석열은 '천상 바보'라고 그러죠.

정정현 : 김건희에 대해서는요?

노영희 : 그래도 김건희에 대해서는 좋은 말을 많이 했어요. 자기는 김건희에게 미안하다고 그랬어요. 왜냐면 김건희는 어쨌든 자기 부탁을 들어준 사람이잖아요. 그런데 지금은 아니에요. 초창기 때 그랬다는 얘기죠. 이젠 김건희도 소용이 없잖아요.

정정현 : 김건희에 대해 다른 악감정이 생긴 게 아니고요?

노영희 : 김건희가 명태균을 욕한 적 있나요? 우리가 누군가를 도와줬는데 그 사람이 날 욕한다면 나도 같이 나쁜 놈

배은망덕한 놈 하며 욕하겠죠. 그게 오세훈과 홍준표이고, 오세훈 홍준표 '양아치론'이 그렇게 해서 나온 거잖아요. 하지만 윤석열은 바보지만 어쨌든 자기를 도와주었고, 김건희도 자기를 도와줬잖아요. 윤석열과 김건희가 자기를 욕하지도 않는데 먼저 욕할 필요는 없죠. 아직은 어떻게 될지도 모르는데. 그런데 이제 윤석열은 파면될 게 뻔하고, 김건희도 남편이 파면되고 나면 자기도 감방 들어갈 건데 이 사람이 할 수 있는 게 없잖아요. 그렇다면 김건희 얘기는 하나 마나 한 거죠.

오히려 이준석에 대한 태도가 바뀌었다는 게 중요하죠. 처음에는 이준석이 빠릿빠릿하고, 자기 말 잘 듣고, 형님 형님 하니까 이준석을 대선 주자로 키우고 싶은 마음이 있었던 것 같아요. 이준석은 이제 명태균을 버리겠지만. 처음에는 이준석 욕도 안 했고, 이준석도 마찬가지로 명태균게이트가 열렸을 때 '명 선생님'이라고 호칭하면서 예의를 갖추니 서로 간의 비밀을 지키며 보호하자는 식의 밀약이 있었다고 생각해요. 그런데 결국 이준석이 도와주는 게 하나도 없고 자기도 빠져나가려는 게 보이잖아요. 그러니 명태균은 이준석과 함께 도모할 수 있는 게 없고 보호할 필요도 없다고 생각하게 된 거죠. 그의 부인도 저에게 이준석에 대해 할 말 다 하겠다고 해버리는 거죠. 자기가 가지고 있는 카드가 점점 줄어들어서 지금 남은 카드가 이준석밖에 없잖아요. 그래서 여기까지 온 거죠.

정정현 : 결론은 이준석이가 명태균에게 변호사까지 대주고 있잖아요. 그럼 더 고마워하지 않을까요?

노영희 : 뭐가 고마워요? 이준석은 명태균을 돕기 위해서라기보다 명태균의 자료와 정보를 빼가기 위해서였다니까요.

정정현 : 명태균은 그걸 모르나요?

노영희 : 알죠. 서로 알면서도 받을 수밖에 없는 거죠. 명태균 입장에서는 포렌식 하는데 변호사가 꼭 필요하니까 이준석이 보내준 여태형 변호사를 쓰는 것뿐이고. 이준석은 자신의 얘기가 담긴 포렌식 결과를 확인하고 명태균의 계획을 들여다보려고 하는 것이고. 명태균은 처음에 누구도

변호를 맡지 않겠다고 해서 힘들어했고, 나중엔 변호사들이 변호해 주는 대신, 그 자료에 대한 전권을 위임했다고 말했어요. 변호사들이 그렇게 하는 것에 대해서 자기는 건드리지 않겠다는 얘기죠.

정정현 : 윤석열 김건희 부부에 대해서 명태균의 또 다른 언급이 있었나요?

노영희 : 우리가 다 알고 있는 내용이에요. 남편은 바보라서 그 여자가 조종하는 대로 갈 수밖에 없고, 김건희 말만 듣고 김건희 말대로 하는 사람이라는 것. 김건희는 윤석열에 대해 별로 신경 안 써요. 윤석열은 현실적으로 무능력해서 대통령 같은 큰일을 오래 맡을 수 있는 사람은 아니라고 했어요. 윤석열은 잘해야 2년, 최대 3년 정도로 봤어요.

정정현 : 김건희도 그런 평가에 대해서는 수긍하고 동의하는 편인가요?

노영희 : 김건희 씨는 수긍했는데 윤석열 씨는 화를 냈다는

거잖아요. 명태균에게 "어디서 내 이름 팔고 돌아다니지 말라"라며 화를 내며 3일 동안 연락을 끊었었다는 거잖아요. 그 얘기를 듣고 윤핵관들하고도 싸웠다고 하고.

정정현 : 명태균 씨의 비리 또는 범죄 의혹이 크게 세 가지로 요약되는 것 같은데, 공천 개입, 여론조작, 국정농단. 그런데 법적으로 걸린 것은 정치자금법 위반만 걸려 있잖아요. 이 외에 다른 법적 문제로 비화할 만한 사안이 혹시 있는가요?

노영희 : 자기가 저지른 범죄를 말하진 않죠. 그런데 지방자치단체 선거할 때 자기에게 뭘 도와달라고 줄 댄 사람들이 많다는 거잖아요. 그건 자기가 나서서 공천에 관여하는 식이잖아요. 그래서 윤석열과 김건희를 팔아 자기가 세력이 있다는 걸 과시해서 결과론적으로는 수많은 사람이 발이 닳도록 쫓아다니게 했다는 거죠. 그 와중에 또 다른 비리나 부정이 있을 수도 있고 연루된 또 다른 사람들이 나올 수도 있겠죠.

정정현 : 후보자들에게는 공천이 가장 큰 문제잖아요. 그런

데 명태균이라는 한 개인이 세를 넓히면서 공천에 그렇게까지 개입한다는 말을 사람들이 다 믿었다는 건가요?

노영희 : 그럴 수밖에 없는 게 윤석열, 김건희 목소리를 들려주고 다니면서, 자기가 이렇게 해서 김영선을 공천시켰다고 돌아다녔으니깐요.

정정현 : 안 믿을 수가 없겠네요.

노영희 : 그 동네 사람들 1,000명 이상이 다 들었대요. 대통령 부부와 통화 내용을 녹음해 다니면서 사람들에게 다 들려주며 돌아다녔다는 거예요. 오죽했으면 당에서 당무감사까지 내려서 조용히 시키라고 했겠어요. 김영선에게도 커피숍에서 사람들 다 보는 데서 함부로 하며 욕을 하고 그랬다잖아요.

정정현 : 그냥 욕이 아니고 "당신 뭐 하는 사람이야, 멍청하게!" 뭐 이런 식으로 그냥 질러대니까.

노영희 : 그러면서 자기가 당선시킨 사람들 이름을 줄줄이 대잖아요. 그럼, 누가 그 말을 안 믿겠어요? 그리고 대통령이 언제 여기를 방문할 거라고 며칠 전부터 미리 사람들에게 얘기하고 다녔데요. 대통령이 이번에 이곳에 온다 이러면서. 그래서 그때 주가도 갑자기 쑥 올랐다가 떨어졌던 시점이 있었어요.

5. 명태균의 협박, 비상계엄을 부르다

정정현 : 지난 12.3 계엄이 사실상 명태균게이트가 폭발하는 것을 차단하기 위한 계엄이었다는 말들이 많습니다. 비상계엄 전날 조태용 국정원장과 김건희가 서로 연락을 주고받은 사실도 있었습니다. 이 이야기는 결국 이번 비상계엄은 부정선거나 민주당의 입법 독재라는 국민의힘의 주장보다는 사실상 명태균게이트 때문이 아닌가 하는 생각이 들기도 합니다. 어떻게 보십니까?

노영희 : 당연히 그렇게 보죠. 명태균 씨도 그 당시에는 단언하더라고요. "김건희와 윤석열에게 내가 준 녹음파일이 올라갔다. 11월 4일 창원지검에서 수사보고서가 작성됐는데 이미 그 안에 윤석열, 김건희, 명태균 간의 관계가 노골적으로 다 담겨 있다. 9월 23일 압수수색을 한 PC가 있는데 그 PC의 자료도 포렌식이 끝나서 창원지검에 다 넘어가 있고, 그 안에도 명태균, 김건희, 윤석열의 부조리한 관계와 행태가 다 들어있다." 그렇게 말했어요. 서영교 의원이 민주당 측에서 검찰청에 항의 방문했을 때 대검차장도

매일매일 창원으로부터 보고 받는다고 인정해버렸어요.

수사보고서가 11월 4일과 그 이후에도 몇 개 더 작성됐는데 이 사람들이 모를 리가 없잖아요? 대검이든 어디든 넘어가면 그 자료들이 전부 다 윤석열과 김건희에게도 전달되는 거잖아요. 명태균 측이 고민했던 것이 창원지검 검사들과 중앙에서 파견 간 검사들이 결국은 윤석열 김건희 부부를 수사해야만 마무리할 수 있는데, 이걸 언제까지 붙들고 있을 수 있겠는가? 하는 것이 가장 큰 딜레마였다는 거예요. 그런 데다 윤석열이 탄핵 소추가 될 상황에 이른 것이 사실상 명태균-강혜경 게이트 때문이라는 얘기가 나도는 와중에 검찰 내부 사정이 바뀌어요. 이제 윤석열을 버려야 한다는 기류죠. 자기들이 수사보고서를 받아 보면 다 알 수 있으니까. 그리고 검사들이 한동훈 라인으로 갈아타려고 그랬다는 거예요. 그때가 조선일보의 김민서 기자가 명태균으로부터 USB를 받았을 10월이에요. 명태균은 김민서 기자에게 USB를 주면서 협박했대요. 대통령 부부에게 빨리 보내라고. 자기를 살려주지 않으면 가만 안 두겠다고.

정정현 : 그럼 김민서 기자는 USB를 대통령에게 줬을까요?

노영희 : 명태균 씨의 말로는 모르겠다고 했고, 내가 보기에는 당연히 줬죠. 그걸 안 줄 리가 있어요? 그 기자가 대통령과 친하다고 해서 선택한 건데?. 그리고 조선일보가 그때 김건희와 모종의 거래를 했다는 거 아니에요. 그 거래 내용이 바로 '윤석열은 하야하고 한동훈을 대통령으로 밀어주면 검찰에게 구속하지는 않도록 해주겠다'라는 거라고 하더군요. 그래서 11월부터 12월까지 조선일보에서 계속 김건희를 비판하는 사설이 나와요. '김건희 때문에 나라가 망했다. 김건희 빨리 잘라야 한다. 대통령이 결단하라. 조용히 하야하라'라는 사설이 계속 나와요. 그건 11월 4일에 수사 보고가 나오기 전에 이미 수많은 포렌식 자료가 10월에 다 정리됐다는 얘기예요.

정정현 : 김건희는 명태균게이트가 터질 것을 미리 알아차리진 못했을까요?

노영희 : 4월부터 명태균과 강혜경이 서로 싸우면서 명태

균이 김건희와 윤석열에게 "이거 나중에 터질 수 있으니까 나를 도와 해결해 달라"라고 계속 압박하는 과정에서, 김건희는 2024년 4월 총선 때 자기가 안 도와줘서 문제가 터지게 되었다는 걸 인지하게 된 것 같아요. 그리고 '홍매화 모임'할 때 이준석과 천하람 의원이 김영선과 짜고 자기를 치려고 생각한다는 걸 알고 있었다고 합니다.

또한, 강혜경이 선거법 위반 사건을 무마시키려 했는데 그게 뜻대로 안 된다는 것을 알게 됐죠. 9월에는 뉴스토마토의 기사가 나왔고, 9월부터 11월까지 검찰에선 창원지검 수사 내용에 관한 모든 분석이 끝나 있었습니다. 그 와중에 명태균이 윤석열에게 전해주라고 한 통화 내용의 녹음파일을 전해줬고, 그때 민주당에서도 명태균 관련한 폭로가 계속 터져나왔죠. 이즈음 기자들이 제일 걱정했던 건, 김건희 윤석열의 육성 통화 파일이 진짜 있냐 없냐? 오로지 명태균과 강혜경 말만 믿고는 못 하겠다, 굉장히 중요한 시점이었어요.

김건희의 생각엔 도이치모터스니 2차 혁명주株니 난리를 쳐도 계속 버텼는데, 이제 명태균게이트와 관련된 증거들이 계속 나왔으니 더는 버티기가 어렵다고 생각했을 거 아니겠어요? 이미 2024년 10월부터 12월 3일 비상계엄 선포하기 전까지 이런 상황에 몰렸다는 걸 깨닫고 있었다는 얘기잖아요. 해결 방법을 찾다 찾다 못 찾았다는 거거든요. 그러니 당연히 방법은 하나밖에 없다고 판단하기에 이른 거죠. 입법권을 무력화시키는 방법밖에. 사실 누구라도 그렇게 판단할 수밖에 없잖아요. 결국, 비상계엄이라도 해서 국회의원들 싹 다 체포하고 입법권을 무력화시키는 것밖에 없잖아요.

제가, 대통령실에 있던 엄청난 측근에게 사사롭게 확인한 얘기인데 대통령이나 김건희는 민주당과 민주당 국회의원들 때문에 엄청 화가 나 있었고 결국 시기의 문제였지 터질 수밖에 없었다는 얘기고, 특히 대통령 옆에서 그러지 말라고 조언해줄 수 있을 만한 사람들이 총선 때문에 모두 빠져나가서 더는 대통령이 올바른 판단을 할 만한 상황이 형성되지 않았었다는 거예요.

정정현 : 윤석열은 경고만 하려고 했다지만, 사실은 법을 너무 잘 알고 있었기 때문에 국회부터 먼저 보낸 거겠죠.

노영희 : 여인형도, 홍장원도 증언하기를 1순위 체포 대상자가 이재명이라고 그랬잖아요. 결국에는 야당 대표를 잡아넣어야 한다고 생각한 거겠죠.

정정현 : 정말 성공했다면 빨갱이로 몰아서 해치워버릴 작정이었겠군요.

노영희 : 조선일보가 진짜 문제였던 거예요. 사설 논조를 갑자기 바꿔 두 달 내내 김건희 비난과 윤석열 하야를 촉구하며 대통령 부부와 거래를 시도했으니까.

정정현 : 조선일보 사설이 그렇게 나온다는 건 뭔가 변동이 있다는 것이거든요. 그게 뭘까 했었는데, 오늘 얘기 들으니까 다 꿰맞춰지네요. 일종의 정치적 거래군요.

노영희 : 그 거래가 한동훈을 밀어서 조선일보가 보수의 중심으로 새로운 권력을 만드는 매체가 돼서 계속 영향력을 행사하겠다는 거죠.

6. 수상한 검찰 수사

정정현 : 명태균 씨는 자신이 처벌받을 수 있음을 알면서도 특검을 적극적으로 촉구하고 있잖아요? 왜 그럴까요?

노영희 : 자기는 처벌을 안 받는다고 생각하고 있어요. 지금까지 검찰은 윤석열, 한동훈 라인이니 수사를 축소하고 대통령 부부나 정치인들이 잘못한 것까지 다 자기에게 떠넘기면서 자기를 괴롭힌다고 생각하고 있죠. 그래서 특검을 해달라고 주장하는 겁니다. 그렇게 되면 정치인들에 관한 모든 것들이 다 드러날 테니까 자기는 공익제보자가 되어 보호받을 수 있지 않겠는가? 하는 생각을 하는 거예요.

정정현 : 지금까지 검찰의 수사 과정을 지켜봤을 때 어떤 문제가 있다고 보십니까?

노영희 : 검찰이 김건희, 윤석열의 행태를 다 알면서도 수사를 제대로 안 하는 거죠. 강혜경 씨는 윤석열과 김건희가 문제라고 진술하기 시작했어요. 그래서 명태균이 지난 대

선 끝나고 대통령에게 돈 받으러 갔었다는 얘기를 진술했는데, 그 얘기를 듣는 순간부터 갑자기 검찰의 태도가 달라졌다고 해요. 검찰은 그 이후부턴 그 문제에 관해서는 전혀 물어보지 않고 딴 얘기만 하더라는 얘기예요. 그리곤 김건희 윤석열 관련해서는 아예 처음부터 다시 조사받아야 한다면서 그때까지 검찰이 사찰하고 조사한 내용을 다 엎어버리려고 하더라는 얘기를 해요. 명태균 씨에게는 검찰이 컨트롤하기 쉬운 변호사로 바꾸려고 자꾸 변호사를 사임시키라고 하더라고 했어요. 심지어는 핸드폰을 전자레인지에 돌려버리지, 라는 말까지 했다고 하면서 그런 말조차 '새 발의 피'라는 얘기까지 했어요.

정정현 : 검찰이 그렇게 나오는 이유는 두 가지로 유추할 수 있는데, 한 가지는 윤석열이 검찰총장 출신이기 때문에 그런 태도를 보이는 건지, 아니면 검찰 내부에도 명태균게이트에 연루된 검찰 고위급 인사가 있어서 그런다고 보시는지요?

노영희 : 명태균 씨 녹음파일 중에 경남 창원 선관위, 창원

경찰청, 창원지검 파견 수사 검사들 모두 자기가 커버할 수 있다고 명태균이 말하는 내용이 나와요. 그게 매우 충격이었는데, 창원지검에는 소위 '찐윤 검사'들만 계속 수사팀으로 파견됐었거든요. 그러니까 명태균이 그렇게 말하며 돌아다니는 것을 창원지검에선 모를 리가 없지요. 당시만 해도 검찰에서는 비상계엄이 문제는 있지만, 탄핵까지는 어렵다고 생각하고 있었어요. 그러니까 검찰이 어디에 줄을 서야 할지, 대통령이 복귀할 수 있을지 확신하지 못하고 있던 거예요. 제가 알기론 창원에 있는 검사들이 두 파로 나뉘어 윤석열 김건희까지 윗선을 수사해야 한다는 파가 있었고, 그냥 이 선에서 자르고 끝내자는 파가 있어서 두 파가 서로 싸우고 있었다는 겁니다. 그러다 계엄이 터지니까 이제 '더는 안 된다. 이제는 끝이다.'라고 판단해 윤석열을 잡고 한동훈에게 붙자는 식으로 의견을 정리한 거죠.

정정현 : 검찰은 수사 상황을 왜 자꾸만 언론에 흘릴까요?

노영희 : 검찰 내부에 노선이 두 가지라고 그랬잖아요. 두 파로 나뉘어 있어서 내부에서도 이제 알력 다툼이 생긴 거

174

예요. 제일 웃겼던 건, 강혜경 씨가 피의자 신문조서 작성하러 검찰에 가는 날, 제가 변호인이니까 함께 갔어요. 온종일 조사를 받고 밤이 되어서 저녁 먹으러 나갔어요. 그런데 기자들이 쭉 기다리며 서 있다가 다가와서 막 질문을 하는 거예요. 그런데, 무슨 얘기 했는지를 물어봐야 하는데, "이렇게 말했다는데 맞나요?" 이런 식으로 물어보는 거예요. 기자들이 검사가 강혜경 씨에게 한 말을 이미 알고 그대로 물어보는 거잖아요. 그러니까 2층에서 1층으로 내려오는데 그 짧은 시간에 검사실과 기자들 사이에는 문자로 이미 조사 내용을 다 흘리고 있었다는 거예요.

7. 모든 것의 배후는 돈Money이다

정정현 : 결국, 명태균게이트의 본질은 뭐라고 정리할 수 있을까요?

노영희 : 협잡挾雜이죠. 정치꾼들끼리 협잡. 이게 정치브로커가 나쁘냐 정치인이 나쁘냐 할 것 없이 둘 다 나쁜 겁니다. 그런데 그렇게 없는 것으로만 할 문제는 아니고, 책임정치를 한다는 여당 정치인들이 그런 짓들을 하면 안 되죠. 그런데 이 사람들은 전부 다 야합과 협잡으로 일관해 왔잖아요. 그 민낯이 이번 일로 드러났다는 것이 이 사건의 핵심인 거죠. 그전까지는 '그런 점도 있었을 것이다' 정도의 추정으로만 알고 있었는데 이제는 확실히 확인된 거잖아요. 단순히 몇 사람들만의 문제가 아니라 전반적으로 권력과 정치, 검경이 다 연루된 구조였다는 거죠. 그 협잡의 배경은 욕망欲望과 이익利益이죠.

정정현 : 명태균 한 사람이 아무리 능력이 있다손 치더라도 이렇게까지 국정을 농단하고 한 사회를 뒤흔들 수 있었던

원동력과 토양은 뭐라고 보십니까?

노영희 : 우리 정치가 철저히 썩었다는 거예요. 이게 만약 수도권이라면 가능하겠어요? 아니잖아요. 그러니까 지방의 굳어진 이분법 정치 판도가 가장 큰 문제였다고 봐요. 영남 지역에서는 뭐가 어떻게 돌아가든, 옳든 그르든 무조건 보수층 사람들만 당선되니까 당에서 공천한 후보는 무조건 찍어주는 거잖아요. 그런 게 제일 심각한 문제인 것 같아요.

정정현 : 대선이 끝날 때까지 감옥에서 못 나오겠죠?

노영희 : 당연히 안 내보내겠죠. 하지만, 그들을 믿을 수 있을까요? 검찰이든 누구든 우리가 모르는 어떤 종류의 거래를 할지도 모르고.... 요즘은 그 어떤 것도 믿기가 어려워요.

정정현 : 대선이 끝나면 무슨 소용이 있겠어요? 사람들은 시간이 흐르면 다 잊어버릴 텐데.

노영희 : 그러니까 보석이든 뭐든 나올 수만 있게끔 도와달

라고 민주당에 요청했던 것이죠. 그러면 자기가 국회에 나가서 증언하겠다고 말했던 것이고. 그것도 정 안 되면 나에게 와서 들어달라고 요청하는 것이고.

정정현 : 구속된 상태에서도 증인 소환은 가능하잖아요.

노영희 : 그래서 나오라고 했는데 다리가 아파서 못 걷는다며 안 나왔죠. 자기가 다리가 수술받은 지 얼마 되지 않아 치료받아야 하는데 구속되어서 지금은 다리가 20도 이상 휘었다고 주장해요. 걷지 못한다는 얘기였죠.

정정현 : 협상할 처지가 아닌 것 같은데….

노영희 : 판단을 못 하고 머리 굴리다가 망한 셈이죠. 자기가 뿌려놓은 것들이 지금 다 돌아다니고 있고 공개가 다 되었잖아요. 한국일보도 하나씩 정리해서 기획기사를 내겠다고 하고 있어요. 다른 언론사 기자들도 지금 다 그렇게 준비하고 있는데, 이 사람은 아직도 자기가 전부 쥐고 있는 줄 알고 있는 거죠. 시사인에서도 피의자 신문조서까지 입

수했다잖아요. 지금 검찰이 다 흘리고 있어요. 검찰이 흘린 거, 자기가 흘려놓은 거, 자기 변호사들이 똥 싸놓은 거, 이게 전부 바깥에서 돌아다니고 있는데 자기만 아직도 뭐가 있다고 생각하는 거예요.

정정현 : 명태균의 폭로에 대해 신빙성은 어느 정도라고 보십니까?

노영희 : 명태균이 폭로하는 내용은 부분적으로는 신빙성이 높다고 봐요. 다만 자기가 했던 역할에서 문제가 될 만한 것들은 축소하려 하고, 거짓말하는 것이 있어요. 이미 자료가 다 드러나 있어서 어차피 축소가 안 되는 게 있어도 거짓말은 계속할 수 있어요. 하지만 다 거짓말이라고는 생각하지는 않아요.

정정현 : 휴대폰 내용을 공개한다고 해서 처벌까지 이어질까요? 서울시장이고 대구시장이고 몇십 년을 권력의 중심에서 활동해 온 사람들인데….

노영희 : 그렇게 될 거라고 보진 않아요. 그래도 도덕적으로 흠결이 있는 사람들이고 국민이 이 사람들에게 맡겨 놓으면 안 되겠다는 정도로 그치겠죠.

정정현 : 기득권층에서는 다 같이 걸릴 사건이면 다 같이 힘을 합쳐 막으려고 하니까 우리 사회에서는 그 힘을 뚫기가 쉽지 않아요. 명태균 데스노트라는 게 실제 존재하고 있나요? 혹시 가지고 계신 가요?

노영희 : 초창기 때 나왔던 리스트밖에 없어요. 30명의 핵심 명단을 말해주지는 않았지만, 그냥 우리가 다 아는 사람들이에요. 오세훈, 홍준표, 김진태, 김종인, 이준석, 조은희, 박완수 등등…. 그 정도 수준이죠.

정정현 : 명태균 씨가 어떤 의도를 가지고 이런 정치인 리스트를 만든 건지요?

노영희 : 일을 하다 보니까 그렇게 많은 사람이 자기에게 찾아와 부탁했고, 그래서 결국 여기까지 오게 됐다고 말했어요.

PART 04

탄핵 이후
정치 전망

12월 3일, 윤석열이 난데없이 비상계엄을 발동해버린 바람에
계획이 완전히 망가진 거예요.

결국, 윤석열은 자기 스스로 자기를 무덤을 파버린 셈이죠.
검찰은 죽으나 사나 끝까지 대통령을 보호하려고
온갖 의혹과 비난 속에서도 수사를 축소해가며
시간만 질질 끌어왔는데

이원석 검찰총장과 송경호 중앙지검장이
도이치모터스 사건은 자신들이 마무리해야 한다고 했을 때,
주변 사람들이 모두
"당신들이 과연 그렇게 할 수 있겠나?"

결국, 한 사람은 좌천되고,
한 사람은 물러나고 말았잖아요.

검찰은 수사하는 시늉만 하면서 윗선 (대통령 부부)까지 연루되지 않도록 하려고
뭉개며 김영선, 명태균, 강혜경 등 5명에 대해서만 정치자금법 위반으로
수사하고 끝내려고 했는데....

윤석열-김건희의 행태를 모두 알면서도 소극적으로 수사하던 검찰

윤석열, 김건희 부부가 가장 큰 문제네

검사

강혜경

명태균이 대선 끝난 후에 대통령에게 돈 받으러 갔었어요.

검찰은 대통령 부부 문제에 관해선 전혀 물어보지도 않고 딴 얘기만 했다. 그러다 아예 처음부터 다시 조사받아야 한다면서 그간 조사한 내용을 다 엎어버리려 했다.

검사는 명태균에겐 변호사를 자꾸 사임시키라고 권유하면서 자신들이 조종하기 좋은 변호사로 바꾸려 했고....

심지어 검사가 "핸드폰을 전자레인지에 돌려버리지 그랬어" 라고 했어요.

검찰

1. 탄핵 이후

정정현 : 이제부터는 탄핵 이후의 상황과 전망에 관해 이야기해보겠습니다. 국회에서 명태균게이트 특검안이 발의됐는데 권한대행 체제에서 통과될 것으로 보시는지요?

노영희 : 명태균게이트 특검은 통과되지 않았잖아요. 결국, 시스템이 바뀌고 정치 토양이 바뀌기 전에는 안된다는 거예요. 윤석열의 잔재와 한덕수 이런 사람들이 아직 정부에 있는 한, 아무것도 바뀌지 않을 거고, 내란은 계속되는 것 같아요. 빨리 대선이 끝나고 대통령이 새로 뽑혀야 뭔가 정리가 되겠죠. 그리고 그제야 진실이 봇물 터지듯 터져 나오고 드러나겠죠. 한덕수 같은 사람이 자기가 대통령으로 당선된 것처럼 으쓱하고 돌아다니는 걸 보는 게 너무 괴로워요. 명태균 특검이 김건희 특검과는 분리되어있는 상황이니 원칙적으로 통과시키는 게 맞을 텐데, 그렇다면 국민의힘 정치인들이 상당수 다칠 수 있으니 거부권을 행사할 가능성이 크다고 보는 거죠. 하지만 결과적으로는 특검이 하나도 통과 안된 것이 잘 되었죠. 이제는 엉터리 타협식의 특

검 말고 진짜 제대로 된 특검이 통과되어야 해요

한덕수가 허튼짓하면서 그나마 마은혁 재판관을 임명해서 다행이에요. 저는, 헌재의 판단은 존중하지만, 한덕수를 파면시키지 않은 것은 두고두고 원망스럽고 속상해요. 헌법 위반이 분명한데, 파면을 안 시키니 자기가 잘한 줄 알고, 이상한 행동을 하잖아요. 원래는 특검이고 뭐고 그냥 전부 통과시켜주는 게 맞아요. 그런데 자기가 할 수 있는 권한을 넘어서 별별 짓을 다 하려는 것 같아요. 행정안전부의 인선 강행이라든가, 대통령실 근무 이력이 있는 경찰들을 그냥 다 승진시키고, 알 박기 인사를 하고 있대요. 이제 한 달 있으면 대통령이 새로 뽑히는데 말이죠. 그러다가 이제는 대통령이 되겠다는 헛꿈까지 꾸고 있으니 추하다고 봅니다.

정정현 : 국회의 요구를 받아주는 게 권한대행으로선 유리할 텐데?

노영희 : 그렇다면 또 배신자 프레임을 덮어쓰니까.

정정현 : 본인이 정치할 건 아니잖아요? 아니네요. 이미 정치한다고 하고 있죠.

노영희 : 처음엔 생각이 없어도 이제는 대권까지 꿈꾸고 있잖아요. 윤석열도 그랬으니까.

정정현 : 사람을 쉽게 파악하는 데는 두 가지 요소가 있는데, 계급장을 달아주거나 완장을 채워주면 그 사람의 본성이 드러난다고 하거든요. 최상목 대행의 행보도 그런 차원에서 주목되긴 했습니다. 탄핵 이후 한국 사회는 어떻게 변화될 것으로 예상하십니까?

노영희 : 탄핵이 된 다음에 가장 큰 일은 조기 대선이겠죠. 대통령이 누가 되느냐에 따라 달라진다고 봅니다. 이재명이 되느냐? 혹은 여권에서 나온 다른 사람이 되느냐? 이것에 따라 많이 달라지겠죠. 여권 후보가 대통령이 된다면 달라지는 게 없겠죠. 그렇지만 이재명이 대통령이 된다면 상당히 많은 부분이 달라질 거라고 봐요. 이재명은 성향도 완전히 다르고, 업무 추진 방식도 다르고, 기본적인 태도가 달

라서 대통령이 된다면 상당히 실용경제에 치중하는 정책을 펼칠 것으로 봐요. 동시에 검찰이 많이 달라질 것 같아요.

정정현 : 지난 박근혜 탄핵 이후에도 우리 정치는 시간이 흐르면 또 흐지부지되는 일이 반복되는데, 이번 탄핵 이후에도 그럴 거라고 보시는지, 아니면 이번엔 달라질 것이라고 보시는지요?

노영희 : 워낙 검찰한테 당한 게 많고, 사실 검찰도 너무 장난을 많이 쳤고, 민주당이나 야권 인사들에게는 검찰개혁을 어정쩡하게 해놓으니 이 모양 이 꼴이 됐다고 생각하거든요. 이미 민주당에서도 한번 실패한 경험이 있으므로 이번에는 신중하게 계획을 세우고 있는 것으로 알고 있어요. 한편으론 걱정도 되기도 합니다. 문재인 정권 때도 실패한 게, 패러다임을 바꾸려면 토양이 마련돼 있어야 하는데 토양이 마련되지 않은 상태에서 너무 무리하게 바꾸려다 보니 실패한 거로 생각해요. 이재명 대표도 그걸 안다고 봐요. 그래서 한꺼번에 급격히 변화시키기보단 할 수 있는 것부터 제도를 만들어 차근차근할 것 같아요. 제도적 시스템

을 바꾸는 쪽으로. 그렇게 되면 저항감도 덜 하고 바뀌고 있는데도 바뀌는 걸 잘 느끼진 못하니까. 검찰뿐만 아니라 언론도 마찬가지로 조금씩 바꿔나가는 방식으로 개혁할 것 같아요.

정정현 : 최근 난데없이 극우 집단의 난동이 벌어졌습니다. 법원까지 쳐들어가서 건물과 기물을 닥치는 대로 때려 부수고, 판사를 끌어내려고 했습니다. 국민도 경악한 이 극우 세력은 어떻게 될 것 같으세요?

노영희 : 그들은 당연히 존속하겠죠. 극우라고 해도 뿌리째 뽑아버릴 수가 없잖아요. 물론 다소 주춤하긴 하겠지만 나름대로 포지션을 갖고, 정권이라도 바뀌면 자신들을 무슨 애국 투사처럼 생각하고 행동하며 반정부 집단을 유지하지 않겠어요? 한번 발생한 것이 쉽게 사라지겠어요? 게다가 국민의힘이 문제거든요. 대통령이 탄핵당하고 나면 국민의힘도 스탠스는 바뀔 수밖에 없겠지만 그게 한꺼번에 바뀔 수가 없어요.

나경원 같은 사람이 극우 집회에 끼어들고 있잖아요. 사실 그 정도로 이상한 사람은 아니었거든요. 나경원, 윤상현, 황교안 같은 사람들이 지금 극우팔이 하면서 정치 장사를 하잖아요. 그 사람들에게는 지지를 얻기 위해 극우의 목소리를 살려줘야 할 필요가 있다고 보는 거예요. 게다가 극우 유튜브가 살아있는 한, 이 극우 집단이 한꺼번에 사라질 수 없겠죠. 거의 불가능하다고 봅니다. 극우 집단은 이번 탄핵 반대 집회를 통해 장사하는 법과 살아남는 법을 확실히 배웠다고 봐요. 그러므로 우리 사회의 암세포처럼 계속 존재할 것 같아요. 혹은 두더지처럼 두들겨 맞으면 기어들어 가서 다른 구멍으로 나타나고 하면서….

2. 민주당의 변화 가능성

정정현 : 이재명 대표가 대통령이 되면 실용경제와 검찰개혁, 그리고 토양의 성질에 맞는 시스템적 개혁을 구축할 것 같다고 말씀하셨잖아요. 그러나 지금까지는 '사이다' 식의 발언에다 과격하고 단호한 이미지들이 많잖아요. 그렇게 생각하시는 근거는 무엇인지요?

노영희 : 그 이미지가 국회의원 되면서부터 사라졌잖아요. 이재명 자체가 극단적 좌파 진보가 아니라 중도 진보 정도 될 것이라 보는데, 지금 중도 진보 정도 되는 지향점을 가진 사람들이 민주당에 꽤 많아요. 얘기를 잘 안 하고 있었을 뿐이지. 이재명 대표가 이번에 이런 이슈를 선점하면서 성공하고 있다고 보거든요. 그래서 중도층에서 오히려 '이 사람 괜찮네, 중산층을 적대시하지 않네' 하고 반응하고 있는 겁니다. 이재명은 경제적 측면에서 실용주의를 추구하는 쪽으로 가면서 중도 진보나 중도 보수까지 아우르고 있다고 봐요. 예전에는 대통령 선거 경선을 하면서 조금 더 왼쪽으로 갔었다면, 이제는 자기 자리, 자기 모습을 찾아가는 모

습을 자신감 있게 보여줄 때가 됐다고 생각하는 것 같아요.

정정현 : 지난 총선에서도 '비명횡사, 친명횡재'라는 비판도 많이 받으며 '민주당이 아니라 명주당'이라는 비아냥도 받곤 했는데, 탄핵 이후에 민주당 내의 변화는 어떻게 내다보십니까?

노영희 : 이제 변화가 있겠죠. 만약에 민주당이 정권을 잡는다면 계속 이재명만을 띄울 수는 없어요. 이재명을 중심으로 똘똘 뭉치자는 것은 이 정권을 바꿔야 하니 다른 데 여유를 둘 시간이 없기 때문이죠. 그리고 지난 총선 공천 과정에서 '비명횡사'까지 얘기 나온 것은 국회의원들이 안 바뀌면 자기가 일을 할 수가 없으니까. 당시, 이낙연과 친문계 국회의원들이 얼마나 이재명을 들들 볶아댔어요. 그 사람들을 그대로 놔두고는 아무것도 못 한다, 당 대표가 되었는데도 제대로 일을 할 수가 없다, 이게 개인적인 판단이었던 것으로 알거든요. 그렇다면 욕을 먹든 말든 내가 일을 할 수 있게끔 내 사람으로 꾸려놔야지 일이 진행된다는 걸 알았을 거예요. 결국 '비명횡사'를 시키고 난 다음에 민주당은 오히

려 한목소리가 되었잖아요. 훨씬 더 안정적으로 됐어요.

정정현 : 야권 통합까지는 안 되더라도 적어도 내부 통합과 인재 영입도 해야 집권의 가능성이 있는 것 아닌가요?

노영희 : 이제 조기 대선 가능성이 커지니까 김동연, 김경수 등 친문세력들이 또다시 움직이고 있는데, 그들이 이번 대선에 제대로 안 하면 민주당에서 영구 퇴출당할 가능성도 있어요. 자신들이 이바지한 것도 없이 또다시 이재명 대표를 공격하며 나서면 기반이 없어지게 되거든요. 이재명 대표가 좋아하는 것은 일 잘하는 사람이라고 다 알려져 있어요.

예컨대 요즘 방송에 많이 나오는 김지호 경기도당 대변인이 있어요. 그 사람 같은 경우도 원래는 이재명 대표가 경기도지사 할 때 계속 반대만 하던 사람이래요. 그런데도 그 사람이 합리적으로 지적하는 데다 일 처리를 잘하니까 이재명 대표가 오히려 발탁했다고 하더라고요. 그런 식으로 사람의 능력을 많이 따지는 스타일인 것 같아요. 그래도 어쨌든 사람은 자기한테 좋은 말하는 사람을 좋아하게 되어있고 특히, 나이 들수록 그럴 수밖에 없는 것은 확실한데, 저는 그 정도의 기조를 기본적으로 가지고 있는 사람이라면, 다른 사람과 비교해 봤을 때 상대적으로 더 일을 중심으로 인사를 하고 조직을 꾸려나가지 않겠나 하는 생각을 합니다. 그리고 중요한 것이 '정치보복하지 않겠다'라고 말한 부분이에요. 저는 그 부분이 중요하다고 보는데, 사실 정치보복이라고는 했지만, 그게 청산이고 정리거든요. 친일파들을 정리하지 못하고 청산하지 못해서 대한민국이 지금까지 큰 문제가 되고 있는데, 그게 그 당시 '친일파들'이 '우리를 치는 것은 정치보복이다.'라면서 난리를 쳤기 때문이거든요. 그런데 이번에 또 이재명 대표에게 '정치보복 하지 마라'고 하면, 사실 매우 억울한 일이 될 수 있어요. 저는 그래서, '정치보복'이라는 말을 쓰지 말고 '잘못된 사람과 잘못된 일을 바로잡는 어떤 제도적 행위'가 있으면 좋겠어요. 그래야, 인과응보, 사필귀정, 권선징악 이런 말이 의미가 있는 거잖아요. 그리고 그래야 나라가 바로 잡혀요.

3. 사법리스크라는 이름의 변수

정정현 : 변호사로서 이재명 대표의 재판 결과에 대한 예상은 어떻게 하고 계십니까?

노영희 : 저는 기본적으로 선거법 위반 사건 1심 때 당선 무효형이 나온 건 매우 잘못된 것으로 생각합니다. 재판부에서도 그런 지적을 했잖아요. 도대체 검찰이 제기하고 있는 허위 사실이라는 게 뭔지 특정해 달라고. 그 말은, 1심 판결문이 잘못됐다는 것이거든요. 그리고 검사들이 공소장 변경을 했잖아요. 결국, 선거법 위반 1심은 이재명 죽이기라는 기조에 따라 진행된 정치적 판결이라 보고, 2심에서는 무죄가 나올 거라고 봤어요. 결국, 그렇게 되겠죠. (인터뷰 후, 노영희 변호사의 예견대로 이재명의 2심 재판은 전부 무죄로 판결되었다.)

이 사건은 결국은 김문기를 알았느냐 몰랐느냐 하는 것과 백현동 사건은 국토부로부터 압박받는가, 받지 않았는가 하는 건데 압박이라고 느끼는 건 주관적인 문제이고, 사람을 아느냐 모르냐 하는 것도 매우 주관적인 문제여서 법이 그것을 가려낸다는 게 힘들다는 겁니다. 오늘 처음 만나긴 시간을 같이 있다 하더라도 오래가면서 이뤄진 친한 관계가 아닌데, '그 사람을 잘 알아?' 그렇다면 '잘 몰라요'라고 말할 수밖에 없잖아요.

예를 들면 성남시에 3천 명의 부하직원이 있다고 칩시다. 그렇게 많은 사람이 한두 번 만났다고 해서 그 사람을 잘 안다고 하기는 곤란하거든요. 그런 관계를 사람의 성격에 따라 '잘 안다.'라고 답할 수도 있고 '잘 모른다.'라고 답할 수도 있는 거죠. 그럼 모른다고 말할 수도 있는데 그 말이 허위 사실은 아니잖아요? 법적으로 안다, 모른다는 개념이 정확히 뭐냐는 거예요. 특히 방송진행자, 편상욱 아나운서가 "개인적으로 잘 아느냐?"라고 물어봤어요. "개인적으로는 잘 모른다."라고 했는데도 검찰은 앞에 '개인적으로'라는 단어는 빼고 "모른다고 했다."라고 몰아붙였고, 골프장 사진도 골프를 하러 가면 몇 팀씩 가요. 그런데 누구와 갔는지 다 기억나요? 함께 사진 찍었다고 해서 다 기억할 수 있을까요? 아니에요. 아예 기소 자체가 잘못됐던 거라고 봅니다.

정정현 : 감형이 아니라 아예 무죄가 나올 가능성이 있다는 얘기네요?

노영희 : 1심 판결이 무거우니까 만약 유죄가 나온다면 감형도 절반 이하로는 잘 안 내려가죠. 그런데 저는 아예 기소 자체가 잘못됐다고 보는 견해이고, 2심에서 검찰이 입증해내지 못했다고 봅니다.

정정현 : 재판부에서도 구체적인 허위 사실을 적시하라고 한 것인가요?

노영희 : 그게 가장 중요한 얘기죠. 재판부에서도 검찰 측에게 '말하고 싶은 게 뭐냐, 김문기를 잘 모른다고 말한 것이 허위라는 거냐?'라고 묻는 것이죠. 그런데 안다, 모른다는 인식을 하고 허위라고 판단하고 규정하는 것은 위험한 인식입니다. '3 더하기 2는 5'라고 말하는 것과 그 사람을 좋아해? 싫어해? 하는 것은 정도가 다 다르므로 정확히 알수가 없어요. 어떤 측면에서 그렇게 말하는지가 다 다르기 때문이죠. 사람의 감정이나 주관에 해당하는 부분은 원래

팩트에 들어가지도 않는 거예요. 사실이라는 것은 증명할 수 있는 명제에 기반해 객관적으로 나타나는 게 사실이잖아요. 그런데 주관적 감정은 사실이라고 볼 수가 없잖아요. 안다, 모른다. 협박받은 느낌이 있냐, 없냐. 이건 객관적으로 말할 수는 없는 거잖아요.

정정현 : 2심 판결이 어떻게 나오든 간에 출마 자격은 유지되니 출마해서 대통령에 당선된다면, 법 절차적으로 수사가 중단되는 건지, 아니면 대통령이 되더라도 수사는 할 수 있는지, 어떤 쪽이 맞습니까?

노영희 : 대통령은 소추 자체를 못 하니까 일단 수사는 중단돼요. 문제는 진행되던 재판을 중단할 수 있느냐 없느냐 하는 논란이 있을 수 있겠죠. 헌법 제84조의 대통령에겐 '불소추 특권'이 있다는 것은 대통령으로 뽑아준 주권자들의 뜻을 존중하라는 것이거든요. 그러니까 재판받고 있는 사람이어도 국민이 대통령으로 뽑았다면 재판 때문에 또다시 절차를 뒤집어엎는 상황을 우리 헌법이 원하지 않는다는 뜻이에요. 그렇기에 헌법에서 '불소추'라고만 쓰여 있지

만, 재판이 진행 중에 대통령으로 뽑혔다면 당연히 재판도 중단시키고 대통령으로서의 일을 할 수 있도록 해주는 게 법리상 맞겠죠. 물론 대통령 임기가 끝난 후에는 재판이 속개되어야 하고. 그게 아니라 재판이 진행 중인 사람이라면 아예 대통령 후보로도 나오지도 못하게 법적으로 원천 차단해야 하는 것이 맞겠죠. 그런데 현행법은 재판이 진행 중인 사람도 대통령 출마를 보장하고 있어요. 그래서 이번에 대법원이 전합으로 사건을 넘기고 이재명 대표에 대한 공선법 2심 사건을 빨리 처리하는 게 의미가 있어요. 아마, 대선 전에 대법원의 판결이 나오고 결국 상고 기각, 즉 무죄 확정으로 나올 거라고 봅니다. 그래야 헌법 제84조 때문에 혼란이 생기는 것도 막을 수 있고, 결국 대통령이 되면 재판은 중지되는 거다, 라는 것을 대법원이 보여주는 거죠.

정정현 : 만약 대법원에서 유죄취지 파기환송이 나온다면 어떻게 될까요? 특히 중도층의 시각에서 본다면.

노영희 : 기본적으로 열성 지지자들은 어떤 결과가 나오든 그 사람을 찍겠죠. 중도층도 전부 다 영향을 받지는 않겠

죠. 일정 정도만 영향을 받는다고 칩시다. 그렇다면 상대방이 누구냐를 봐야죠. 국민의힘에서 나오는 후보가, 열성 지지층에 더해 중도층의 일정 정도 지지를 받는 이재명을 이길 수 있을 정도의 지지를 받는 사람이어야 되겠죠. 그런데 지금 그런 사람이 없잖아요. 여론조사를 아무리 해봐도 다 합쳐서 30%가 안 돼요. 그러니까 중도층에서 아무도 안 찍고 민주당 열성 지지자들만 투표한다고 치더라도 결국 이재명 대표가 뽑힐 확률이 훨씬 높다는 얘기잖아요. 물론 중도층이 전부 국민의힘을 찍어버리면은 결과는 달라지겠지만. 그럴 수는 없겠죠. 이번 대선은 이념의 문제가 아니라고 봐요. 이념이 뭐가 중요하겠어요? 이번 대선은 대한민국이 망하느냐? 안 망하느냐의 갈림길에 서 있어서 현명한 국민이 잘 판단할 거라고 믿습니다. 유죄취지 파기환송은 안 나올 거라고 보고, 실제 대법원은 대한민국 최고의 법률 해석기관으로서 자존심을 세우기 위해서라도 어떤 식으로든 결정을 내리지, 어정쩡하게 절충적 태도를 보이지는 않을 것이라고 봅니다. 그리고, 조희대 대법원장도 보수적이기는 하지만, 대법관들이 그런 것으로 상황을 어지럽히거나 대한민국을 망가뜨리지는 않을 거로 생각해요. 특히, 헌법재판소를 좀 더 아래로 보는 성향이 있는 대법관들이, 이번에 제대로 자신들의 존재감을 보여주어야 한다고 생각하고 있거든요. 걱정하지 않아요. 대한민국은 건강하니까요. 그리고 대한민국 국민은 결국 정의를 향해 나아갈 거고, 이렇게 중요한 사안에서는 사법부가 최후의 보루가 되어야겠죠.

4. 조기 대선과 명태균게이트

정정현 : 명태균의 황금폰 내용이 과연 이 대선 정국에 얼마나 큰 파급력이 있을까요?

노영희 : 현재의 정국에서도 이미 명태균게이트는 영향을 미쳤다고 봐야 해요. 명태균게이트 관련, 오세훈, 홍준표, 이준석에 관한 이야기는 작년부터 계속 나오기 시작했잖아요. 그래서 김문수, 오세훈, 홍준표의 지지율이 4%~5%밖에 안 나오는 거죠. 만약 명태균의 폭로가 안 먹혔다면 지지율이 올라가야겠죠. 지금은 수면 아래에 있지만, 오세훈, 홍준표 관련 이야기는 계속해서 나오고 있죠. 최용희, 박재기, 이런 제3자들을 통해 들어간 돈이 계좌에서 확인된 것만 해도 1억 1,700만 정도가 된대요. 물론 자세한 건 재판이나 수사결과를 봐야겠지만, 명태균 PC나 강혜경 씨의 자료 등에 보면 그렇게 나와 있죠. 이미 민주당에서도 명태균 게이트 진상조사단에서 기자회견을 했고요. 그런데 실제 계좌로 들어간 돈도 너무 많고, 홍준표 시장 측근은 이미 말레이시아로 나가 있잖아요. 게다가 검

찰은 홍준표 씨 측근 2명에 대해서 출국금지 시키기도 했어요. 홍준표는 이제 더는 안 된다는 게 제 생각이고, 그것은 이제 흐지부지될 수도 없는 부분이에요. 경선을 하려면 한 달밖에 안 남았는데 지금 한동훈 같은 경쟁자들이 그걸 모르겠어요? 다 안단 말이지요. 그러니까 홍준표는 한덕수하고 손잡겠다고 하고 있죠. 어차피 이번 대선에서 대통령이 되지는 못하겠지만 결국 본인이 당권이라도 잡고 있어야 살아남을 수 있다고 생각하니까요.

정정현 : 현재는 그렇지만 대선에 돌입했을 때는 양상이 또 달라질 수도 있지 않을까요?

노영희 : 대선이 시작하면 국민의힘 후보들은 오히려 더 나빠지죠. 오세훈 씨는 이미 드롭했고, 홍준표 씨도 더는 못 버틸 거예요. 칼자루는 검찰이 가지고 있고. 좋은 얘기가 나올 게 없잖아요. 더더군다나 이번 경선 과정에서 국민의힘 후보들이 토론하는 것을 보니 정말 실망스럽기 짝이 없더군요. 현재 홍준표와 한동훈이 그나마 결승까지 갈 거라고 보는데, 한동훈 세가 치고 올라가는 모양새라 어떨지 모

르겠어요. 다만, 국민의 힘 지지자나 건전한 보수들도 이번 국민의 힘 사람들의 태도를 보고 매우 걱정하고 있을 거예요. 특히, 윤석열 때문에 계몽되었다는 김계리 변호사는 안정권 씨하고 통화한 녹음이 터지면서 난리가 났죠. 욕을 너무 잘하는 것도 문제지만, 결국 그런 녹음이 터진다는 것 자체가 내부적으로 견제세력이 되어서 이제는 끝났다는 거고, 그 통화에서 윤상현 의원, 석동현 변호사들도 같이 망신당한 거잖아요. 정말 미래가 없어 보여요.

더욱이 한덕수는 대선에 나오겠다고 난리를 치는데, 결국 그게 트럼프한테 나라 팔아먹고 나오겠다는 거하고 똑같아서, 제대로 정신이 박힌 국민이라면 그걸 용서할 리가 없는데요, 실제 한덕수 씨가 대선에 나오면 안 된다고 생각하는 국민 여론이 70% 정도인데, 그런데도 한덕수 씨는 욕심을 버리지 못하고 있어요. 참으로 안타까운 일입니다.

정정현 : 국민의힘은 매번 용병을 데리고 오는데 윤석열 용병 때문에 실패하고 조기에 망했는데도 아직 미련을 못 버리는 것 같아서 마음이 좋지 않아요.

노영희 : 자기네들이 스스로 대선 주자를 키우지 못하고, 벌써 두 명이나 대통령을 탄핵당하게 만들고 나라를 이렇게까지 어지럽게 했는데 왜 정치인들이 미안해하거나 부끄러워하지도 않는 거죠? 김문수, 한동훈은 명태균게이트에서 좀 더 자유로운 사람일 수는 있겠지만, 이 사람들이 더 좋아질 것이 있을까요? 어차피 다 한통속으로 묶이는 건데?

정정현 : 개인의 선호를 떠나 누가 최종 주자가 될 것 같다는 느낌이 듭니까?

노영희 : 지금은 모르겠어요. 지금 가장 가능성 있는 사람은 한동훈이라고 생각하는데, 이것이 한덕수와 단일화하면서 자기가 대선에 안 나가고 한덕수에게 양보한다는 건지, 아니면 한덕수의 표를 자기가 흡수하겠다는 건지.... 두고 봐야겠죠. 하지만 한동훈을 포함해 현재 '무능'이라는 프레임에 빠져있고요, 지난 총선과 탄핵 국면에서 그의 역량이 어느 정도 드러났다고 봐요.

정정현 : 만약 명태균 특검이 통과되어 개시된다면 특검의 결과와 파장은 어떻게 예상하십니까?

노영희 : 특검을 임명하는 시점이 대선 이후가 될 텐데요. 이번에는 제대로 된 특검이 만들어져서 정말 모든 것을 확인해주었으면 좋겠어요.

정정현 : 특검 법안이 통과되면, 특별검사는 누가 될까요?

노영희 : 아마 민주당과 이재명 대표가 생각하고 있겠죠. 그리고 지금은 민주당이 타이밍을 계산한다는 거죠.

정정현 : 전략적으로는 대선과 맞물려 특검 수사가 진행되면 대선에 도움이 될 수 있다고 볼 수도 있잖아요.

노영희 : 어차피 대선이 한 달도 안 남았어요. 이제 특검은 의미가 없어요. 현재는, 연기만 피우는 건데, 중요한 건 대선 끝나고 특검이 누가 되는가 하는 것이 가장 중요하죠. 그리고 특검 수사관들이 얼마나 유능한지와 특검팀의 가치

관이 중요해요. 어떤 가치관에 따라서 수사하느냐가 정말 중요한데, 명태균 특검이라고 하는 것은 결국은 국민의힘 의원들과 윤석열, 김건희를 겨냥하는 것인데, 그렇게 힘들게 만들어 놓고 다 된 밥에 코 빠뜨릴 필요가 없다는 거죠.

정정현 : 진영주의, 극단주의가 기승을 부리는데 이것이 심리학적으로 볼 때는 개인의 문제도 있지만, 사회 집단 심리학이라는 것도 있잖아요. 이런 현상의 배경은 무엇이라 생각하시나요?.

노영희 : 그건 '불안' 때문에 그래요. 자기가 어디에 속해서 안정적으로 살아갈 수 있도록 하는 데는 극단주의든 진영주의든 자기가 어떤 부분에 속해 있는 것이 중요하다고 생각하는 거죠. 귀속감이 필요하니까, 그런 것이 없으면 안 되니까 사람들이 진영이나 집단에 집착하고 매몰되는 거예요. 그 불안의 꼬리를 물고 따라 들어가 보면, 그 불안은 직업 문제, 생계 문제, 개인적 성취 문제, 혹은 비교 심리의 문제 등 여러 가지로 나눌 수도 있어요.

5. 한국 정치의 추악한 이면

정정현 : 명태균 이야기, 강혜경 이야기를 듣다 보니, 한 국가의 국회의원들이 얼마나 비루하고 한심한지 모르겠네요. 이 협잡꾼과 부화뇌동하고 놀아났다는 게 한심스러워요.

노영희 : 저는 그들이 명태균한테 놀아났다고 생각하지 않아요. 그들 역시 명태균 못지않게 나쁘고 비겁하고 비굴한 사람들이어서, 서로의 욕심과 이해관계가 맞아 이 모양 이 꼴이 됐다고 생각해요. 게다가 지금 나오는 얘기 중에 그동안 홍준표가 대구에서 잘난 척하면서 아무도 홍준표를 못 건드리는 상황이었잖아요. 그런데 요즘 계속 나오는 이야기가 홍준표 씨의 아들 홍정석이라고 있어요. 홍정석이 아버지 못지않게 그 동네에서 황태자처럼 굴며 별별 짓을 다 하고 돌아다녔다는 얘기예요. 그 와중에 홍정석은 명태균에게 돈을 많이 뜯겼대요. 홍정석 씨도 부인할 가능성이 있고 명태균 씨도 부인할 가능성이 있지만, 지금 검찰 조사나 포렌식 자료에 나오는 걸 보면 그랬을 가능성이 크게 있어 보여요. 명태균은 돈을 안 받았다고 주장했는데 사실 명태

균에게 현금으로 가져다주었다는 사람들이 꽤 있어요. 그 중에 한 명이 그 사람일 수 있는 거죠.

홍준표 시장 식구가 요즘 계속해서 공격받잖아요. 그러니 홍준표 시장 쪽에서 "그럼 우리도 네게(명태균) 돈 뜯긴 거나 네가 얼마나 우릴 괴롭히며 양아치 짓을 했는지 전부 다 밝히겠다."라고 해서 자기들끼리 또 싸우고 있다는 소리가 있어요. 서로 고소 고발이 난무하는 것도 그런 거겠죠. 요점은 호랑이 없는 굴에 여우가 왕이라고, 누구는 호랑이 노릇을 하고 누구는 여우 노릇을 하고, 권력을 가지고 장난치고 그 권력에 빌붙고, 그런 사람들이 너무 많았다는 거죠. 그 동네에서 명태균과 연결해 뭔가 좀 해보려고 하는 사람들은 다 그런 기본적인 욕망에 충실했던 사람들이고, 다 그런 식으로 장난치면서 살았던 사람들이에요.

정정현 : 도대체 누구 잘못이 더 크다고 할 수 있는가요?

노영희 : 실제 내용을 들여다보면 강혜경이나 명태균이나, 홍준표나 오세훈이나, 누구나 다들 똑같이 몇 년 동안 그렇

게 서로 해먹은 사람들이잖아요. 저는 모두 다 똑같다고 봐요. 누가 조금 덜하냐, 더하냐의 차이이고, 누가 조금 더 약하냐, 강하냐 이 정도의 차이라고 봐요. 결국, 직업인으로서 정치인이 되기 위해 중간에 거쳐야 할 것들이 너무 많고, 우리나라의 시스템이 정상적이지 않은 경우들이 너무 많다는 사실이 안타깝습니다. 그러다 보니 주변에 이런 협잡꾼들도 나타나게 되는 것이고 지금의 상황이 벌어지게 됐다고 생각해요.

정정현 : 정치인도 사람이라 완전무결할 수는 없겠지만 그래도 한 세대를 이끄는 리더로서는 비전도 있고, 포부도 있어야 하는데, 지금 나오는 이야기들은 무슨 동네 시정잡배들의 이야기 같습니다.

노영희 : 순간만 모면하려고 그러죠. 오로지 국회의원 자리 하나 유지하려고….

정정현 : 이런 얘기를 속속들이 책에 쓰기조차 난감하네요. 이렇게 적나라하게 쓰면 바로….

노영희 : 저는 제일 실망한 게 이준석입니다. 이준석은 처음 젊은 박근혜 키즈로 나왔을 때만 해도 그래도 젊은 사람이 보수적인 생각을 가지면서도 때 묻지 않고 뭔가 해보려고 기성 보수 정치인과는 다르게 새로운 무언가가 있나 보다 했죠. 그렇게 해서 나온 사람이 안철수가 있는데, 이준석도 그런 표방을 했죠. 젊은 나이를 강조하면서. 그런데 알고 보니 명태균게이트 관련해서 더 지저분해요. 미래가 안 보일 정도로. 저는 이준석하고 명태균이 똑같은 사람이라고 생각해요.

명태균은 기본적으로 도덕관념 이런 것이 별로 없다고 그랬잖아요. 도덕이나 가치관보다 목적을 달성하기 위해 수단과 방법을 가리지 않고 실행하는 데 강점이 있는 사람이고, 그것을 과감히 지향하는 사람인 거예요. 도덕적으로 옳다 그르다는 것은 전혀 생각하지 않아요. 자기가 정치인이 되겠다는 생각보다는 정치인이 되려는 사람들을 이용해 어떻게 이득을 취할까, 여우로서 사자의 권위를 취하고, 남의 외투를 빌려 입어서라도 다른 사람들에게 자기 영향력을 휘두를 수 있는 상황을 만들 생각만 하는 사람인데, 그 방식이 기존 문법과는 다르게, 남들이 사용하지 않는 편법을 과감하게 사용하면서 성공해 온 방식이었던 거예요. 남들이 사용하지 않는 방식을 쓰면 위험할 수 있는데도.

정정현 : 정치인들의 눈에는 명태균의 방식이 어떻게 보면 신선해 보일 수도 있다는 거죠.

노영희 : 바로 그거죠. 그러니 만약에 실패하면 그걸로 끝인데, 한 번만 성공하면 그 성공을 바탕으로 다시 더 새로운, 더 편법인, 더 나쁜 방식과 내용을 가미해서, 그다음에 또 성공하면 그걸로 계속 극적으로 끌고 가는 거예요. 명태균은 바로 그런 타입이었던 거죠.

그런데 이준석과 김건희도 똑같은 사람들이잖아요. 이 사람들이 같이 뭉쳐버린 거예요. 홍준표는 몇 년 동안 내내 그랬고. 그러다 보니 서로 도덕 관념도 없고 서로 불감해진 상황에서 무조건 이기는 게 최선이라고 생각한 거예요. 거기다 제일 바보 같은 사람이 김영선 같은 사람인데, 중간에 딱 이용하기 쉬운 사람이 끼어들어 왔으니 명태균이라는 사람 손에서 놀아난 셈이 돼버렸고, 그런 명태균 주변에서 같이 움직였던 사람들도 사실은 다 양아치들인 거예요. 사실 강혜경 같은 경우나 김태열, 그리고 운전사 김기성도 마찬가지고…. 그 동네 사람들이 다 똑같은 사람들이에요.

정정현 : 정치 게이트와 관련된 또 다른 이야기들이 있으신지요? 이를테면 이 사건과 유사한 다른 사건이라든지.

노영희 : 저보고 정치를 해보라고 했을 때 거부했던 이유가 제가 정치적으로 어떤 가치관을 가진 적이 없고 잘 모르니 나 같은 사람이 무슨 정치야? 하는 생각에 당연히 안 하겠다고 생각했었는데, 지금 와서 들여다보니 저보다 더 못난 사람들이 자기가 마치 무언가 있는 것처럼, 입으로만 국민을 위한다며 정치하는 모습을 보고, 역겹다는 생각을 많이 했거든요. 시간이 지나면서 드는 생각은, 그 역겨운 사람들은 계속 정치를 하고, 그렇게 하면 안 된다고 생각하는 사람은 퇴출당하는 상황을 보면서, 그래도 좀 더 나은 사람들이 그 지향점을 잃지 않고 올바른 정치를 펼치는 노력이 필요하지 않겠나 하는 생각을 해봤죠.

정정현 : 대한민국의 정치를 혐오로 만드는 건 과연 누구일까요?

노영희 : 정치의 혐오를 만드는 건 그 누구도 아닌 정치인이라고 생각해요. 정치인들이 필요에 따라 국민을 자기편으로 끌어들여 지지기반으로 삼고, 한편으로는 서로가 상대방을 꺾기 위해 지지자들을 선동하고 동원하여 집단으로 상대방을 폄훼하고 공격하는 모습을 보이게 되면서 정치 혐오 층을 만들어내는 것이라고 봅니다. 오직 자신의 이익을 위해서. 그런 식의 전략이 진영 주의와 결합하여 벌어지는 결과로 파생되는 것이 정치 혐오증이라고 봅니다. 이른바 패거리 정치죠.

정정현 : 지난 선거 때 소나무당 비례 1번을 제안받았었잖아요. 송영길 씨 사건에 대해서는 어떻게 이해하고 계십니까?

노영희 : 송영길 대표 사건은 제가 정확히 이해하고 있습니다. 이정근이라고 하는 사람의 통화 녹음이 단서가 되어 송

영길 대표까지 수사받게 됐잖아요. 이정근은 서초에서 국회의원으로 계속 나왔어요. 당시 서초는 이혜훈 의원이 있을 때였는데, 국민의힘이 계속되고 민주당은 한 번도 안 되는 지역이죠. 저도 서초구에 사니까 이정근 씨 얘기를 많이 들었죠. 그래서 국회의원 선거를 앞두고 지역에서 민주당을 지지하는 사람들이 이정근을 한번 도와주자는 분위기가 강했는데, 제가 그때 이정근과 동네 사업가들과의 유착 관계가 이상하다는 걸 느꼈죠. 이정근의 녹음 내용이 문제가 되기 시작한 것은 박우식이라는 부산에서 고철 사업을 하던 사람이 있어요. 그 사람과 사업 관계로 서로 고소·고발하며 싸우다 사건이 확산하고 녹음파일이 공개되고, 그게 민주당 사람들과 연결되었던 것이거든요. 박우식이라는 사람한테 사기당했다는 어떤 분이 저에게 사건 의뢰를 해와서 이정근 씨의 얘기를 더 잘 알게 된 겁니다.

이렇게 연결돼서 지저분한 관계들이 저에게 전해져 왔어요. 이 와중에 검찰이 관심 있어 하는 건 개인적인 비리보다도 소위 '대물'을 잡아넣는 게 중요했고, 그때 송영길 대표가 변희재, 손혜원 씨와 다니면서 "윤석열 정권을 잡아야 한다."라면서 목소리를 크게 내며 집회에도 참석하던 때였거든요. 결국, 송영길 대표만 잡혀 들어갔어요.

그런데 송영길은 본인이 인천시장으로 나와봐야 안 될 것을 뻔히 알고 있었어요. 제가 그때 민주당에 윤리위원회 위원을 하고 있을 때라 사정을 잘 알고 있어요. 송영길 후보로서는 직접 관여했다 하더라도 법적으로 문제가 될 정도는 전혀 아니었는데, 검찰이 그냥 집어넣고 싶으면 집어넣을 수 있는 일종의 먹잇감 정도로 사용하는 것으로 생각했어요. 결국, 그 부분은 지난번 판결에서 무죄가 나왔잖아요. 어쨌든 송영길 대표는 자기 지역구를 내놓고 시장선거에 나갔다가 결국은 떨어지고 자리도 없고 아무것도 없는 상황이었잖아요.

저는 당시 민주당에서 송 대표에게 자리를 하나 주어야 하는 것 아닌가 생각했는데 어쨌든 이정근 사건 때문에 송 대표가 스스로 당을 떠났으니 다시 들어가서 뭘 하기에는 좀 복잡했죠. 그런 상황에서, 송영길 대표가 할 수 있는 것은 당을 떠나서 신당을 만드는 거였어요. 하지만 당시 먹사연

(먹고사는 연구소) 문제가 터지고 송 대표가 힘들어지는 상황이 되어버리고 송 대표랑 친했던 의원들이 다 문제가 있는 것처럼 정치적 공격을 당했죠.

그러다 보니 송영길 대표를 도와준 사람들이 다 없어져 버린 거예요. 난 처음엔 그런 사정은 하나도 모르고 대표적인 인물이 없으니까 여성 비례 1번을 맡아달라며 손혜원 의원이 도와달라고 해서 수락하게 된 거예요. 손혜원 의원은 예전 열린민주당 만들 때도 저보고 해달라고 했는데 당시에 제가 거부해서 미안한 마음을 가지고 있었고, 이번에 또 해달라고 하니까 어쩔 수 없었죠. 그리고 그때 총선의 화두는 윤석열을 끌어내리겠다는 것이 기본 목적이었기에, 보수든 진보든 많은 사람이 동의할 거로 생각했어요. 그런데 당에 들어가 보니까 돈도 없고 아무도 없고 완전히 낙동강 오리알이 됐고, 당 대표는 구속되어 나올 생각도 안 하고, 판사는 선거가 끝난 다음에야 보석으로 풀어주고, 정말 황당하고 한심한 상황이었죠. 그런 것들을 보면 정치가 참 비정하고, 비열하고, 사람들이 순간만 모면하고 살려고 머리를 쓰는구나, 하며 깨닫게 된 거죠.

정정현 : 영화 '더 킹'에서처럼 검찰은 평상시에 모든 사람, 모든 정치인, 기업인들에 대한 정보 사찰해서, 작든 크든 약점들을 수집해 놓고 있다가 필요한 시기에 이것을 가공해 터뜨려버린단 말이에요. 정보를 가공해버리니, 빠져나올 구멍을 찾기가 굉장히 힘들어지는 거죠. 송영길 대표가 이런 사례가 아닌가 해요. 송영길 대표의 경우, 대표로서 책임을 따진다면 나 몰라라 할 수는 없는 거예요. 보고는 한두 번 받았겠죠. 그런데 사실상 대표로서 책임이라는 것은 관리를 못 했다는 책임이겠죠.

노영희 : 게다가 언론이 그걸 도와주니....

6. 검·경은 내부 헤게모니 Hegemony 전쟁 중

정정현 : 가장 큰 문제는 검찰과 언론이네요. 하지만, 그 빌미를 제공하는 것은 어차피 정치인들이라는 거죠.

노영희 : 대한민국의 정치 현실 자체가 빌미든 뭐든 제공 안 할 수가 없다니까요? 완전히 투명하고 깨끗하게 정치를 할 수가 없어요. 명태균의 사건 관련 자료가 쏟아지고 있잖아요. 명태균이 USB 5개를 돌렸다, 이런 얘기도 있지만, 실제 이 자료들 대부분이 검찰발이에요. 그러니까 이것도 역시 검찰이 장난치고 있는 거나 마찬가지죠. 지금 나오는 자료들은 검찰이 아니면 풀 수 없는 자료들만 잔뜩 나와요.

정정현 : 국민의 알 권리를 위해 공개해야 할 부분들은 공개해도 된다는 것이 있겠지만, 수사 중인 사건을 계속 공개한다는 것도 문제가 있는 거잖아요?

노영희 : 그것보다 더 중요한 것은 모든 수사자료를 기자들한테 통째로 줬다니까요. 전 그게 너무 황당하다는 거죠.

기자들이 자료를 확보해서 가지고 있는 것은 중요하고 좋은 일이기도 하지만, 특정 기자들이 수사자료를 다 가지고 있다는 것은 한편으로는 위험한 일이기도 하죠. 물론, 검찰이 안 주고 당사자가 개인적으로 어떤 기자나 언론사에 줬다면 그건 별개의 문제가 될 수 있습니다만, 지난번에 말했듯이 창원에 내려가서 강혜경 씨와 피신 조서에 같이 참여해서 온종일 같이 있었는데, 검사가 강혜경 씨에게 물어본 질문 내용을 밥 먹으러 내려가는 계단에 있던 기자가 검사의 질문 워딩 그대로 제게 되물어보는 거예요. 그 말은 검사가 카톡이나 텔레그램으로 뭘 질문했는지를 거의 실시간으로 알려줬다는 얘기잖아요. 더 황당한 건 검사가 저보고 "내려가서 혹시 사람들 만나더라도 아무 얘기도 하지 마세요." 이래 놓고 제가 내려가니까 그런 질문이 나왔다는 거예요. 너무 놀라서 "도대체 그 질문은 어떻게 나왔죠?" 하고 되물었더니, 그 기자가 당황해하며 자기가 추측해 질문한 거라고 하더라고요. 대검에서도 자기네가 인정했잖아요. 실시간으로 수사 보고를 계속 받고 있었다고. 이게 언론사마다 자기 취재원들이 있어서 자료를 다 입수하고, 시사인 같은 경우에는 주진우 기자가 검찰하고 관계라인이 좋으니까 검사가 피신 조서를 아예 직접 준 것 같아요.

정정현 : 그게 기자의 능력으로 치부가 되는 거지요.

노영희 : 이번에 이철규 씨 아들의 마약 사건이 터졌잖아요. 그 제보자가 누군지 알아요? 그 제보자가 나와 친한 수사기관 종사자였어요. 그 친구가 총경 발표 난 다음 날, 중앙일보로 해당 자료를 넘겼어요. '왜 넘겼냐?'라고 물었더니 이철규가 경찰 출신이라 자기 아들과 며느리 관련 마약 사건을 경찰에서 수사하더라도 외부에 나가지 못하도록 엄청나게 막고, 그 내용이 조금이라도 발설되면 쥐잡듯이 수사관들을 괴롭히고 그랬다는 거예요. 자기는 그런 꼴을 더는 보고 싶지 않았고, 실제 그 수사 과정도 잘못되었다고 판단했다는 거죠. 진짜 그 말이 맞는 것이, 당시 이철규 씨 아들 기사도 한참 늦게도 나왔지만, 그때 수사에서는 마약 음성반응 나온 것으로 되어 있었잖아요. 그러다가 이게 사회적 이슈를 타고 언론에서 터지고 나니까 제대로 수사했고, 그 며느리까지 마약 관련 차량에 동승하고 있었다는 얘기가 나왔고 결국 둘 다 양성반응 나와서 그 아들은 구속까

지 되었잖아요. 당시 이 사실을 제보한 사람에게 왜 중앙일보에 줬냐고 물어보니, 다른 곳에 줘봐야 보도도 안 되고 파급력도 없는데, 오히려 그런 데서 터뜨려야 된다고 해서 거기서 나왔대요.

좀 특이했던 것은 원래 〈뉴스공장〉에 주고 싶었는데, 거기에 주면, 또 보수주의자나 극우자들이 '뉴스공장'을 폄훼하면서 이게 진실성이 있냐 없냐, 좌빨들의 음모론이다. 뭐 이런 식으로 치부할까 봐 일부러 보수 신문인 중앙일보에 줬다는 거예요.

그리고 그런 일이 있기 전에 제가 노영희 TV에서 "윤석열 출퇴근이 이상하다. 가짜로 돌아다닌다."라는 내용으로 취재를 해서 제가 인터뷰해서 방송에 내보냈거든요. 나는 일부러 사람들의 시선을 덜 끌려고 그걸 제목에도 안 넣고 그냥 해당 경찰의 제보만 받아서 목소리를 변조해서 방송에 내보냈는데, 마침 한겨레에서도 취재하고 있다가 제가 방송하고 나자 그다음 날 기사를 내보냈더라고요. 그런데 아이러니하게도 그 한겨레 기자는 그 취재를 위해 대통령 관저가 잘 보이는 건물 옥상에 올라가서 해당 내용을 취재했다는 이유로 건조물침입죄라는 기소유예를 받았죠. 정말 황당해요. 어쨌든, 그때 그 사건을 제보해준 친구가 바로 이철규 아들의 마약 사건을 터뜨린 친구였는데, 그 친구는 그 이후에도 중요한 사건에 대해 제보를 많이 해줬어요. 하지만 그 친구는 사실 잘나가지는 못하고 있어요. 나중에 정권 바뀌면 그 친구가 잘되기를 바라요. 그 친구가 지금 자기 나름대로 '의병 활동'을 진행하고 있는데, 그에 상응하는 보상을 못 받는 것이 속상하기도 하죠. 그 친구가 지금 지귀연 부장의 잘못된 행동에 대해서도 개인적으로 확인하고 있어요. 자기 나름대로 의협심이 많아서 그러는 건데, 한편으로는 고맙고 한편으로는 미안하고 그래요. 하여간 이 정권이 끝나가니까 여기저기서 눌러두었던 진실들이 막 터져 나오는 거예요.

정정현 : 검찰도, 경찰도 내부의 권력다툼은 일상적으로 있거든요. 수위가 어느 정도인가에 따라서 노출되든지, 묻히든지 하는 건데, 이철규는 평생 정보 경찰을 해왔던 정보통이다 보니, 그 정보를 이용해 경찰 내 계보와 자기 지지층들

을 철저하게 관리해 왔던 거예요. 그러다 보니 적이 많이 생기는 거죠.

노영희 : 실제 이철규가 브로커 역할을 되게 많이 했대요. 그 사람들로부터 민원이나 청탁받아 경찰 부하직원들한테 시켜 처리해 주곤 했대요. 이번 경우도 이철규 아들의 마약 투약 얘기가 터져 나오니까 제보자 색출한다고 난리가 났었대요. 경찰 내부에도 항상 작용 반작용이 있듯, 이철규 세력과 대척되는 사람들이 있는데, 지금까지는 숨죽여 있다가 탄핵 국면에 와선 윤석열과 친윤 세력이 살아날 수 없다고 생각되니까 용감하게 말하기 시작하는 거예요. 정권이 바뀌는 과정에서 필수적으로 누수되는 상황들이 오고 이철규나 윤핵관들이 매우 당황하고 있죠. 이게 결국 흐름이고 이 흐름을 바꿀 수는 없을 것이라고 봐요.

정정현 : 권력자가 가장 두려워하는 게 레임덕Lame duck 이죠. 곳곳에서 터지니까.

노영희 : 그렇죠. 레임덕이 오면 그렇게 되니까. 검찰도 원

래 윤석열 라인이 그다지 크지 않았는데 문재인 정권 때 특검하면서부터 엄청나게 커져서 세력이 됐잖아요. 그때까지만 해도 윤석열은 워낙 속된 말로 '돌아이'인 데다, 능력이 없다는 것을 다 알고 있어서 내부적으로 싫어하는 사람도 많았다고 해요. 윤석열의 특징은 속된 말로 선배들에게 잘 개기고, 돈 있는 사람들이 자기를 적당히 추켜세워주면 그 사람에 대해선 관대하게 봐주고, 조폭처럼 '형님' 소리 듣는 거 좋아하고, 이런 것만 잘하는 사람이었어요. 어쨌든 윤석열은 봐줄 거 봐주고, 안 봐줄 거 안 봐주는 식으로 겉으론 균형을 잘 맞춰가면서 공안부 라인과는 대립하고 특수부 내 윤석열 라인만 챙기니까 검사들이 싫어하고 배척했다는 말이 있어요.

그러다 문재인 정권 때 갑자기 총애받고 검찰총장까지 되는 등 파격 승진하게 되니 윤석열 라인은 갑자기 하늘에 뜬 구름처럼 올라가 버리고, 박영수 특검과 찰떡궁합이 되어 상당히 잘 나갔잖아요. 그러니 검사들이 윤석열 라인으로 들어가려고 시도하기 시작했대요. 그런데 그들이 워낙 폐쇄적이어서 잘 받아주지 않았대요. 이너써클처럼. 검찰 내부가 세 집단으로 존재하고 있었던 거죠. 윤석열 라인, 윤석열 라인과는 상극인 집단, 중간에서 양쪽을 관망하는 집단. 이 셋으로 나뉘어 있다가 윤석열이 득세했을 때는 윤석열을 중심으로 쏠리게 되고 반대 라인은 찍소리도 못하고 가라앉게 되었죠. 그러다 도이치모터스 사건이 터지면서부터 나머지 세력들이 '윤석열은 이제 안 된다. 곧 죽게 되어있다. 우리가 정리할 수 있다.' 이러는 와중에 윤석열 라인은 점점 줄어들고 있었대요.

정정현 : 윤석열의 국정 지지도가 현저히 떨어지고 레임덕 현상이 가시화되면서 검찰 내부로도 헤게모니 Hegemony 변동이 있다고 들었는데, 어떻게 파악하고 계십니까?

노영희 : 검찰 내의 중도적 입장과 반윤석열 연합세력이 점점 커지면서 윤석열과 관계를 정리하는 쪽으로 가고, 윤석열 라인에 있던 사람 중 일부가 떨어져 나와 반윤석열 라인에 합류하면서 이들이 득세하게 되는 상황이었다고 합니다. 심우정도 원래는 윤석열 라인에 있으면서 천거薦擧를

받아 총장까지 됐는데, 윤석열 라인과는 거리를 두면서 반윤석열 측과 손잡으려고 하고 있었어요. 그런데 심 총장이 하도 눈치를 잘 보는 사람이어서 반윤석열 라인에서는 심우정을 아주 싫어하지도 않고 아주 좋아하지도 않는 어정쩡한 관계였는데, 이번에 경호 처장 구속영장을 계속 반려하는 것을 보고는 관계를 정리하게 됐다는 얘기가 있어요. 그런데 그 이후에 심우정은 결국 윤석열을 버리지 못하고 지귀연 부장판사가 윤석열에 대해 구속취소를 해주었을 때 '즉시항고는커녕 보통항고도 안 하면서' 자신의 정체성을 드러내 버리죠. 분명히 심우정에 대해서는 단죄를 해야 할 거라고 봐요.

중요한 건, 한동훈 라인이 다시 득세하고 윤석열 라인은 약해져 지금은 '윤핵관-김건희 라인'을 정리하는 태도로 굳혀서, 검찰 내부적으로 어느 세력이 먼저 자리를 잡는가 경쟁하고 있다고 보면 될 것 같아요. 그렇다면 한동훈은 이번에 대통령이 못 될 거라고 보지만, 민주당은 어차피 검찰 조직을 그냥 내버려 두진 않을 거니까 민주당과는 손잡을 수 없다는 태도지요. 대신, 국민의힘의 당권을 잡을 가능성이 많은 한동훈과 손을 잡아놔야 보수진영의 세력을 계속 유지하면서 다음이나 그다음을 노릴 수 있다고 보고 있다는 겁니다. 그리고 더 중요한 것은, 어차피 이번 대선에서는 한동훈이 득세를 못 하겠지만, 오히려 대선 끝나고 나면 하나의 야권세력으로서 힘을 가지게 될 거라는 거예요. 그러면 검찰 내부에서는 반反 이재명, 반反 민주당 전선을 펼치는 의미에서 한동훈을 지지할 수도 있어요. 실제 한동훈이 검찰 조직에서 인기가 없지만, 검찰로서는 그럼에도 불구하고 한동훈은 자기네 조직 사람이니까 민주당보다는 낫다고 보는 거죠.

정정현 : 명태균게이트 수사와 내란 수사를 보면, 검찰이 김성훈 경호 처장의 구속영장을 계속 반려했던 것을 보더라도 윤석열 세력은 매우 강건했다고 보는데, 결국 그것도 끝났다고 봐야죠?

노영희 : 그렇죠. 드디어 김성훈과 이광우가 쫓겨났잖아요. 이제 그들은 역사의 단죄를 받아야겠죠. 이제 더는 윤석열 라인이든 누구든 득세하지는 못하고 정리될 시간이에요.

창원지검에서 그렇게 버틴 것까지가 한계이고, 창원지검에서 중앙지검으로 넘겼잖아요. 사실 창원지검 수사 검사들이 중앙지검 수사팀으로 그대로 옮겨 간 거예요. 그런데 중앙지검으로 이첩되면서부터는 기존 노선을 정리하고 윤석열 김건희를 버리는 쪽으로 수사를 철저히 하겠다고 했어요. 그러다가 돌아가는 품새가 이상하다고 하면서 관망하는 처지였는데, 중간에 명태균과 손을 잡았죠. 다시 대선이 돌아오면서 민주당의 낌새가 녹록지 않고, 특검도 시작할 것이 보이니까, 다시 검찰에서는 윤석열과 김건희를 잡아서 제대로 수사하겠다고 한다는 거예요. 정말 왔다 갔다 다들 줄을 잘 탄다고 해야 할까요?

결론적으로 수사 검사들이 지금까지의 노선을 바꿔 이제부터는 명태균, 강혜경을 통해 이들과 연루된 윤석열과 국민의힘 정치인들을 잡겠다는 쪽으로 움직이고 있다고 합니다. 하지만 이것 역시 언제 또 달라질지, 물줄기가 어떻게 바뀔지 모르겠어요. 너무 눈치들을 봐요. 매우 실망스러워요.

명태균 씨가 그전에는 검사들이 이 사건 뭉갠다고 각을 세워 검사들과 싸우고, 국회에 출석해서 검찰 수사팀의 잘못된 점을 지적하고 증언하겠다고 난리를 치다가, 지금은 검사들과 한통속이 되어 같이 가려는 움직임을 보이면서 민주당에 내밀던 손을 거두어들이는 상황인 것을 보면, 한심스럽기도 하고, 나라가 어쩌다 이렇게 되었는지 개탄스럽죠.

정정현 : 명태균게이트의 흐름을 살펴보더라도 명태균 측이 김영선의 공천 청탁 실패 이후에는 윤석열 부부와 사이가 벌어지고, 이준석의 개혁신당으로 진로를 변경하게 되는데, 그 과정을 잠시 설명해 주세요.

노영희 : 강혜경 씨도 처음 이 사건이 선관위가 조사에 들어갈 때부터 2024년 초까지만 해도 당연히 명태균과 김영선 의원이 돌봐줄 거로 생각해 김영선의 요구대로 자기가 덮어썼단 말이에요. 2024년 초, 한동훈이 비대위원장이 되고, 총선을 진두지휘하면서 김건희와 서로 앙숙이 되어버리고, 김건희가 더는 공천에 영향을 못 미치게 된 거예요. 김영선이 다시 6선이 되면 선관위 조사 건이 해결되고 다

시 예전 상황처럼 돌아갈 거로 생각했는데 안 되겠다는 생각을 2024년 3월부터 하게 된 거예요. 김영선의 공천은 실패했고 한동훈은 마음대로 할 수 없으니까.

그래서, 이 사람들이 다음 카드로 개혁신당의 이준석과 손을 잡고 김영선을 비례 1번으로 국회로 보내면 모두가 다시 살 수 있다는 길이 열린다고 판단한 거예요. 그리고 이준석은 명태균이 대통령을 만들어주겠다면서 접근해 서로 거래를 한 거죠. 그리고 그동안 자신들이 알고 있던 국민의힘 정치인들의 숱한 비리나 윤석열-김건희에 대한 비밀을 모두 공개해 국민의힘을 무력화시켜주겠다고 제안한 겁니다. 말하자면, 이준석은 대통령이 되고 자신들은 그 권력에 편승해 같이 누리며 가자는 계산이었죠. 그래서 그때 홍매화를 심고, 칠불사 가서 난리를 쳤던 건데 문제는 이준석의 셈법은 또 달랐다는 거죠. 이준석은 김영선을 비례 1번 자리를 줄 수가 없었던 거예요. 그래서 역제안한 것이 비례 3번을 주겠다고 한 겁니다. 명태균 측에서는 "개혁신당에서 무슨 비례 3번이냐? 당선될 리가 없는데." 해서 협상이 깨진 거죠. 결과적으로도 비례 3번은 안 된다고 했던 것은 맞는 생각이었고 총선 결과 이준석과 천하람만 당선된 겁니다.

정정현 : 그럼 그때부터 이준석과도 결별하고 명태균 측의 내부 분열과 싸움이 시작되었던 건가요?

노영희 : 그때부터 김영선은 완전히 낙동강 오리알 신세가 됐잖아요. 이후, 김영선은 물론 명태균의 미래연구소 사람들끼리 싸움이 본격화된 거예요. 왜냐하면, 김영선은 공천에 탈락했고 선관위에 걸린 사건은 강혜경과 김태열이 다 덮어쓰게 됐고, 이제는 아무것도 할 수 없는 상황에 빠져버린 데다, 선관위가 기소 의견으로 사건을 검찰에까지 넘겨버렸으니 내부에서 서로 간의 책임 공방과 해결을 요구하며 싸움이 벌어질 수밖에요.

이제 이 정권에서 살아남을 수 없다고 판단한 명태균은, 자신이 윤석열 대통령과 김건희를 직접 폭로, 협박해 나라도 살아남겠다고 생각했던 건데 그게 안 먹혔던 거예요. 그래서 7월까지 오는 와중에 창원지검에서도 처음엔 단순한 선거법 위반 사건으로 보고 간단히 처리하고 넘기려 했던 것을, 명태균과 강혜경이 너무 크게 터뜨려버리자 검찰도 난감한 상황이 됐죠. 그래도 검찰은 그때까지만 해도 사건을 단순 처벌로 매듭짓고 종결지으려 작정했는데, 하필이면 9월에 이준석이 기자들과 술자리에서 명태균과 있었던 일을 재미있는 경험담처럼 말하고, 그게 뉴스토마토에서 터지면서 현재까지 온 거죠. 그러니 창원지검 수사팀도 더는 막을 수 없게 된 거예요.

정정현 : 검찰이 수사를 소극적으로 임하며 시간만 끌다가 본격적인 수사에 착수하게 된 데에는 윤석열의 12.3 비상계엄이 큰 전환점이 되었다던데, 그 점에 대해선 어떻게 생각하십니까?

노영희 : 검찰은 그냥 수사하는 시늉만 하면서 윗선(대통령부부)에까지 연루되지 않도록 하려고 뭉개며 버텨왔던 거예요. 창원지검 수사팀은 김영선, 명태균, 강혜경, 김태열, 배OO, 이OO, 이 6명에 대해 정치자금법 위반으로만 수사하고 끝내려고 했어요. 그런데 12월 3일, 윤석열이 난데없이 비상계엄을 발동해버리는 바람에 계획이 완전히 망가

진 거예요. 결국, 윤석열은 스스로 자기의 무덤을 파버린 셈이죠. 검찰은 죽으나 사나 끝까지 대통령을 보호하려고 온갖 의혹과 비난 속에서도 수사를 축소해가며 시간만 질질 끌어왔는데, 비상계엄으로 사건은 커지고 자신은 자승자박自繩自縛을 해버린 거죠. 결국, 검찰도 더는 덮지를 못하고 본격적인 수사로 태세 전환을 하지 않을 수 없게 된 거죠.

정정현 : 창원지검에서 중앙지검으로 이첩했다고 했잖아요. 이첩했는데 수사 검사들도 따라서 갈 수가 있는 거예요? 중앙지검에도 담당 검사가 있는 것 아니에요?

노영희 : 아니에요. 창원지검 수사 검사들도 부산, 울산 등 다 전국에서 파견되었던 검사들이었어요. 7명인가 8명인가. 그들이 다시 중앙지검으로 파견 형식으로 오는 겁니다. 그러니까 결국 창원지검에서 수사하면서 뭉개고 있던 사람들이 이 사건을 그대로 들고 중앙으로 올라갔어요. 지금까지는 윤석열, 김건희에 대한 수사를 제대로 안 한다고 비난이 일자 창원지검장이 "그럼 우리 안 할 테니까 전부 다 올려보내." 이렇게 중앙지검으로 넘긴 거예요. 대검하고

자기네끼리 얘기가 된 거예요. 담당만 중앙지검으로 바뀐 거고, 전부 그대로 간 거예요. 그래서 그 검사들이 명태균을 만나 다시 새롭게 시작해보자는 거예요. 그러면서 강혜경에게도 또다시 회유 작업에 들어갔고.

정정현 : 12.3 비상계엄 이후 검찰을 실제로 움직이고 있는 것이 심우정 총장이 아니라는 말도 있습니다. 명태균 사건의 중앙지검 이첩도 사실은 다른 힘이 작용하고 있는 게 아닌가 하는 의구심도 있고요. 어떻게 보십니까?

노영희 : 그게 굉장히 중요한 부분입니다. 검찰 라인에서 지금 전체 그림을 그리고 있는 사람이 뒤에 있다는 얘기가 나와요. 그 사람이 송경호 검사라는 말이 있어요. 송경호 검사가 중앙지검장으로 있을 때 당시 이원석 검찰총장과 둘이 김건희를 도이치모터스 주가조작 사건으로 기소해야 한다고 그랬었잖아요. 그때만 해도 윤석열 대통령이 힘이 셌으니까 검찰 내부에서는 김건희를 어떻게 부르냐면서 막 싸웠었잖아요. 그러다 검사들이 소환조사가 아니라 김건희를 찾아가서 방문 수사를 한 번 했었잖아요. 그것 때문

에 윤석열 눈 밖에 나서 송경호 중앙지검장이 부산지검으로 좌천되어 내려갔던 거였어요. 그리고 그 자리엔 윤석열의 직계라인인 이창수를 중앙지검장에 앉혀서 이원석 총장과 대립하게 했고. 나중에 이원석 검찰총장도 대통령에게 미운털이 박혀 검찰총장이 중앙지검장 인사 등 검찰 인사에서 배제되는 등 권력의 탄압을 받기도 했고.

정정현 : 송경호 검사가 수사 능력은 아주 뛰어나다고 들었습니다. 수사 방식이 완전히 입체적이고 집중력이 있다는 평판이 있더군요.

노영희 : 굉장히 뛰어난 검사죠. 그 사람 별명이 '피카소'예요. 수사 기획통이고. 송경호가 원래는 윤석열 그룹이었어요. 그래서 중앙지검장까지 됐던 거예요. 당시 이원석 검찰총장하고 둘이 김건희 사건은 도저히 막을 수 없으니 차라리 우리가 예를 갖춰 수사하되 정면 승부는 해보자고 나선 것이었다고 해요. 그것 때문에 윤석열 부부와 계속 갈등하며 마찰이 있었는데, 이 두 사람이 원래 한동훈과 아주 가까웠어요. 그런데 한동훈과 윤석열 사이에 계속 균열이 생기

는 와중에 '김건희의 소환조사를 하겠다, 포토라인에도 세우겠다'라고 나섰으니, 윤석열이 완전히 노발대발해서 그 사람들을 내쫓아버렸잖아요.

그리고 난 다음에 이원석 총장은 물러나고 송경호 검사는 잊혔죠. 그런데 그 송경호 검사가 지금 검찰 내부의 세력 재편을 뒤에서 기획하고 조정하고 있다는 얘기가 나오고 있는 거예요. 그 사람이 왜 피카소냐 하면, 우리가 얼핏 보기에는 그게 어떤 그림인지 이해하지 못하고 추상화같이 난해한데, 결국 들여다보고 찬찬히 이해하다 보면 나중에 전체적으로 이해가 되고 피카소의 그림처럼 완전히 통찰적인 모습으로 변한다는 거예요. 그래서 추상화의 대가 피카소라고 불린다는 건데, 전적으로 소문에 의한 거라서 믿거나 말거나예요.

정정현 : 검찰 내부가 어떻게 움직이고 있고, 지금 어떻게 변하고 있는데, 변하는 배경은 무엇이고, 검찰 내부 각 세력이 지금 어떤 것을 꾀하고 있는지. 현재 검찰에 대한 이해에 도움이 될 것 같습니다.

노영희 : 일단 송경호 검사는 일반 검사와는 완전히 달라요. 창의적이고. 그리고 일을 정말 잘하는 거예요. 사실은 원래 송경호 같은 사람이 윤석열 뒤에서 뒷받침해줬던 사람인데, 그동안 윤석열 라인으로 당당하게 활약했거든요. 그런데 도이치모터스 주가조작 사건으로 김건희를 소환 조사하겠다고 나서는 바람에 윤석열과 크게 다투고 좌천됐는데, 좌천되는 것으로 끝나면 이 사람들 처지에선 안 되겠지. 왜냐하면, 이 사람들도 억울해하고 분노해왔을 테니까. 그래서 이원석 전 총장과 송경호 검사 측 사람들이 윤석열의 한계다, 윤석열을 뛰어넘어야 한다, 이제 여기서 더는 우리가 머뭇거리면 검찰 모두가 죽는다, 새로운 그림을 그리고 있다는 이야기입니다.

사실, 이원석 검찰총장과 송경호 중앙지검장이 처음에 도이치모터스 사건은 자신들이 마무리해야 한다고 했을 때, 주변 사람들이 모두 다 "당신들이 과연 그렇게 할 수 있겠나?"라고 그랬는데 결국 못하고 한 사람은 좌천되고, 한 사람은 맥없이 물러나고 말았잖아요. 그런데 이 사람들이 그냥 가만히 주저앉아 있지 않고 지금까지 돌아가는 흐름을 지켜보면서 여러 가지 구상을 해오고 있었던 거예요. 그런데 그런 사람이 사실은 검찰에 몇 명 더 있어요. 다들 짐작하겠지만.

정정현 : 명태균 게이트에서 한동훈의 얘기는 별로 안 나오는데, 실제 내막을 살펴보시니까 어떻던가요?

노영희 : 한동훈도 사실은 명태균 관련해서 자유롭지는 않죠. 김건희와 명태균의 관계가 좋을 때 한동훈도 그들과 가까웠으니까. 한동훈도 그 라인을 다 알고 있었고 도움을 줬던 사람이에요. 그러다 서로 간의 사이가 어긋나게 된 건 2024년 1월부터예요. 한동훈은 명태균과 직접적인 거래가 없었을 뿐이지 윤석열, 김건희가 명태균과 계속해서 검은 유착이 있었던 것은 이미 다 알고 있었는데 모르는 척하고 가만히 있었던 거잖아요.

물론 한동훈은 명태균의 도움 없이도 윤 대통령이 직접 밀어준 사람이니 명태균에게 엮일 구체적인 일은 하나도 없어 보이지만, 워낙 국힘쪽이 지저분한 애들이 많으니 한동훈이 알고도 모른 척했다는 정도 가지고는 흠이 안 되긴 해요. 지난번, 검찰에서 국민의힘 당사 압수수색을 할 때 한동훈이 가지고 있는 힘으로 밀어줬다고 하잖아요. 한동훈 라인이 다 연결되어 압수수색 때 지장이 없도록 밀어준 거예요. 당사 압수수색을 하면서 뭘 가져갔냐 하면, 지방선거 때 공천 심사자료 일체와 김건희와 명태균이 둘이 공모해서 벌였던 일에 관한 자료들을 주로 가져갔단 말이에요. 사실 한동훈을 위해서 압수수색을 해준 것이거든요. 그리고 한동훈에게 그걸 다 갖다 바치는 것이고….

더 중요한 건, 한동훈과 윤석열과 김건희가 자기네끼리만 알고 있는 엄청난 자료들이 캐비닛 안에 있을 거고, 한동훈이 검사 시절 사건을 처리하면서 정상적으로만 했을까? 실제 어떤 식으로든 자기가 원하는 결론을 만들어낸다는 그 능력은 도대체 어디서 어떻게 나오는 걸까? 하는 거죠. 누구든 약점이 없는 사람은 없고, 그 자리까지 가려면 서로 밀어주고 끌어주면서 더러운 짓도 같이 하고 비밀을 공유했을 거라는 거죠. 그리고 한동훈 전 대표의 수사와 관련된 얘기는 사실 법조계나 검찰 쪽에서는 많이 회자하고 있어요.

다들 그걸 드러내놓고 말을 못 하고 있을 뿐이지.

정정현 : 앞서 말한 이원석, 송경호 같은 검사 라인과 한동훈은 서로 협조적인 관계로 볼 수 있는 건가요?

노영희 : 검찰은 국민의힘 당사 압수수색 때부터 한동훈에 의해 움직였다고 보는 것이 맞아요. 그것이 명태균 게이트와 연결이 되고 결국은 대통령과 김건희를 겨누는 총으로 쓰였겠죠. 압수한 자료를 통해 한동훈 관련 문제쯤은 정리할 수 있다는 자신감이 있었을 것이고, 실제 한동훈은 특별히 문제가 될만한 일을 덜 했을 수 있고요. 그러니까 명태균도 한동훈 문제도 들춰내려면 얼마든지 할 수 있다는 식의 태도를 보였었죠. 문제는, 연루된 다른 사람들의 명단이 끝도 없이 나온다는 거죠. 그렇다면 한동훈이 가장 힘이 세다고 볼 수도 있겠죠. 아직 당원들이나 의원들이 그걸 제대로 인식하지 못하고 있을 뿐. 한동훈이 가지고 있는 캐비닛에 있는 것과 명태균게이트까지 합치면 지금 국민의힘 내 어느 대선주자인들 넘어설 자신감이 있는 거죠. 그렇지만 한동훈이 정치적 지도력이 모자라고 자기 지지기반이 약하

고, 경험이 있고 노련한 측근 참모도 없다는 게 문제인 겁니다. 어쨌든 현재 국민의힘 대선주자들이 대부분 명태균게이트에 걸려 있어서 자신감이 있다는 것이겠죠. 물론, 그런 식으로 따지면 김문수도 명태균이 덜 묻은 사람이지만, 일단 무능력하고, 중도 확장성이 없잖아요. 김문수 같은 극우적 인물을 대통령 선거에 내보낸다면 국민의 힘은 완전히 끝장나는 거겠죠. 결국, 국민의힘 대선주자들을 딜레마에 빠트린 명태균게이트는 대선에 상당한 영향을 미치고 있는 셈이죠.

정정현 : 정치판이나 검찰이나 무슨 거창한 사명이나 명분에 의해서라기보다, 돈과 권력에 얽힌 유치하고 추한 싸움을 벌이고 있는 거네요.

노영희 : 그런 셈이죠. 또 재미있는 것은, 대부분의 국민의힘 대선주자는 이번 대선은 어차피 '탄핵 국면의 선거'이기 때문에 자신들이 확실히 이길 거로 생각하지 않아요. 오히려 대선을 계기로 당권을 노리는 경향이 강해요. 그것을 바탕으로 차차기 대권을 노리는 것이에요. 대중은 그때가 되

면 또 잊어버린다고 생각하고 있거든요. 그러니까 지금은 한 번 움츠릴 때일 뿐이며, 지금은 아니더라도 그때는 괜찮다고 생각하는 거예요. 그런데 이들과 처지가 다른 사람은 홍준표인데 차차기를 바라보기에는 나이가 너무 많죠. 적도 너무 많은 데다 명태균 사건에 너무 확고부동하게 연루되어 있거든요.

PART 05

제21대
대통령 선거에 대하여

정치인과 브로커 간 약점의 공생관계.

정치는 브로커를 만들고 브로커는 정치인을 만들고.

그런 관계에 한 번 물리면 그 동네에서

못 빠져나오는 거예요.

명태균게이트 같은 일이 왜 반복적으로 일어나느냐?

한국 정당과 정치인들이

자기 철학, 자기 정책이 없다 보니까

의존하는 게 대부분 돈과 조직, 인맥과 정보,

그러니까 여론조사와 같은 것들에

의존할 수밖에 없는 거예요.

검사와 브로커 간 이익의 공생관계

정치인은 브로커를 만들고

브로커는 정치인을 만들고

선거는 정치 브로커들의 박람회장

윤석열은 무능했고, 김건희에게
지배당하며 제대로 된 판단을 못 했다.

1. 선거, 정치브로커들의 박람회장

정정현 : 지금까지의 이야기를 들어보니, 명태균은 경남을 근거지로 하면서 관록이나 경륜이 있는 유력한 정치인들에게 빨대를 꽂아서 사업에 이용해 먹었다는 거네요. 광역시장, 광역도지사 등등.... 너무 충격적인 것이 명태균이란 사람한테 어떻게 이렇게 놀아날 수가 있나? 우리나라 국회의원들이 이렇게나 순진하다고? 하는 생각밖에 들지 않아요.

노영희 : 그들이 순진할리가 있겠어요? 순진하지 않은데, 명태균이 처음에는 혼자였고, 말도 안 되는 여론조작을 했지만, 그 지역에서 한 번 성공시키고 나면 그 사람은 명태균의 사람이 되다시피 하니까, 선거에서 성공한 사람들이 명태균의 자산이 되어, 또 집단을 불리고 그 집단에 들어가려고 서로 정보를 주고받는 거예요. 이준석을 당 대표를 만들어주고 나니 이준석이 국민의힘과 관련된 모든 정보를 명태균한테 건네주듯이요.

서로 형님 동생 하면서 그 자료를 갖고 또 자기 식대로 분석해서는 뭔가 통달한 도사나 점쟁이처럼 얘기를 또 하는 거예요. 이미 자료를 가지고 말하는 거니까 당연히 잘 먹히겠죠. 거기에 누가 붙겠어요? 이준석이 붙으면 김종인도 붙지. 김종인이 그동안 그 당에서 어떤 역할을 했어요? 다 지도부들이잖아요. 명태균에겐 대통령도 있고, 김건희도 있고.... 이번에 김진태 강원도지사의 사실확인서도 나왔잖아요. 김진태가 김영선의 공천을 지지하는 사실확인서를 왜 써줬겠어요? 김영선의 공천이 쉽지 않을 것 같으니까, 김진태에게 "당신을 내가 도와줬었잖아. 이번에 김영선을 공천받게 해줘야 하는데, 당신이 사실확인서 하나만 써 줘. 그래야 공천관리위원회에다가 낼 수 있어." 그래서 김진태가 써준 거잖아요. 자기가 지은 죄가 있으니 약점이 엮여서 시키면 시키는 대로 안 할 수가 없는 상황이 돼버렸던 거죠.

정정현 : 누구든 하나씩 약점이 물려있는 거네요. 정치인과 브로커 간 약점의 공생관계. 정치는 브로커를 만들고 브로커는 정치인을 만들고.

노영희 : 그런 관계에 한 번 물리면 그 동네에서 못 빠져나

오는 거예요. 더 중요한 것은 김건희가 가지고 있는 캐비닛이에요. 조선일보와 김건희 간의 관계도 매우 중요한데, 김건희가 언론에 관한 이야기를 모르겠어요? 자기 남편이 대통령 되기 전부터 모든 정보를 다 가지고 있었을 것 아니에요. 그때 조. 중. 동에 대한 정보도 다 가지고 있었을 거 아니에요. 언론 권력에 대한 자료와 정보를. 처음에 김건희와 윤석열 부부가 조선일보와 친하게 지낼 때, 그 모든 정보를 원래는 누가 갖고 있었겠어요? 한동훈이 가지고 있다가 그 정보를 윤석열에게 보고하며 자기네끼리 다 공유하고 있었던 거예요. 그러니 자기네끼리 서로 누구든 배신하면 안 된다는 걸 묵계默契로 지니고 있던 사람들이었어요.

정정현 : 김건희는 왜 조선일보를 폐간시키겠다며 공언하게 됐나요?

노영희 : 조선일보는 배신 안 할 줄 알고 있었는데, 알고 봤더니 한동훈과 조선일보가 서로 뭉쳐서 짝이 잘 맞으니까 김건희가 열 받게 된 거 같아요. 김건희의 단점을 한동훈도 알고 있고, 한동훈의 단점을 자기도 알고 있으니까 서로 패

를 쥐고 있다고 생각했는데, 그렇다면 누구 패가 더 강하냐? 누가 더 흠 잡힐 게 많으냐? 여기에 따라 움직임이 달라지는 건데 그걸 조선일보가 한동훈하고 편을 먹고 자기를 잡으려고 하니까 열 받은 거 아니에요. 그래서 김건희가 목숨 걸고 조선일보를 폐간시키겠다고 공언하며, 조선일보가 그동안 어떤 식으로 권력과 거래를 했는지 다 알고 있으니 자신도 가만히 있지 않겠다고 한 거였어요.

그런데 사실 김건희 혼자서 그 거대한 언론사와 싸우기가 어렵잖아요. 누군가 도와줘야 하는데 도와줄 사람들이 전부 다 등을 돌리고 있잖아요. 그러니 이 여자가 지금 남편하고 괴로워하면서 뭔가 방법을 찾으려고 고군분투한다고 해요.

정정현 : 이미 썩은 동아줄 신세가 돼버렸는데. 브로커의 세계는 정치나 선거에서 실적이 하나 생기면 그걸 가지고 그런 사람들이 뭉쳐요. 이게 자석 같은 원리로 뭉치면 뭉칠수록 더 많은 쇠 부스러기를 끌어당기게 돼 있거든요. 그러다 보면 눈덩이처럼 자꾸 커져 커다란 커넥션이 되는 겁니

다. 이게 한국에서 브로커가 힘을 얻어가는 과정이고, 브로커가 살아가는 방식이라는 거죠. 한국에서 선거판은 브로커들의 박람회입니다. 정당은 브로커들의 경매시장이 되는 거고.

이 이야기는 꼭 하고 싶은 게, 명태균게이트 같은 일이 왜 반복해서 일어나느냐면, 한국 정당과 정치인들이 자기 철학, 자기 정책이 없다 보니 의존하는 것이 대부분 돈과 조직, 인맥과 정보, 여론조사 같은 것들에 의존할 수밖에 없는 거예요. 이러다 보니 그 인맥과 정보를 가지고 있는 사람에게 딸려 가게 되는 겁니다. 다른 사람들보다 이런 정보와 자료를 갖고 있으면 월등히 우월한 위치에서 싸움할 수 있다고 생각하게 되는 거죠. 자기 정책이 없을 뿐만 아니라, 정책이 있어서 그걸 내놔봤자 어지간해서는 별 관심도 인정도 못 받아요. 특히 선거에서는. 그러다 보니 계속 그것을 활용하려고 하는 것이고, 더 유리하게 활용하고픈 마음에 의지하게 되는 겁니다.

노영희 : 자신의 정치철학도 없지만 있다 치더라도 결국,

당선이라는 결과보단 중요하지 않다는 거예요. 당선을 위해서라면 물불도 안 가리고 수단과 방법도 안 가리게 되는 거죠. 이랬다저랬다 말 바꾸고 행동을 바꾸는 건 일도 아니고….

정정현 : 지금의 탄핵 국면에서도 자기 정치를 해야 할 정치인과 정당들이 국회가 아니라 전광훈 집회에 나가서 눈도장 찍고 무대 연설하면서 신문 지면이나 방송 화면에 나가는 거에 몰두하고 있는 겁니다. 그게 더 전략적으로 훨씬 효과가 있다고 생각하니까.

노영희 : 자신들이 가지고 있는 게 없으니까요. 그래서 정치인들한테 희망을 찾으면 안 돼요. 희망은 국민한테서 찾아야 한다는 거죠. 국민은 지켜보고 있다가 투표로써 보여준다고 믿어요. '너희가 그렇게 해? 너희는 안 돼. 우리는 표를 던짐으로써 너희가 잘못되고 있다는 걸 보여주겠어.' 저는 이게 대한민국의 힘이라고 믿어요.

정정현 : 이 책도 어쩌면 그것을 말하고 싶어서 펴내는 것이죠.

노영희 : 맞아요. 바로 그거예요. 이 낡고 비루한 정치인들을 심판하고 대한민국을 건강하게 만들어내는 것은 오직 우리 국민이라는 것을 말하고 싶은 거죠. 우리가 말을 안 하더라도 우리 대한민국 국민은 집단 무의식적으로 어떤 것이 옳은 것인지를 본능적으로 안다는 것. 흔히 호남에서 항상 투표를 절묘하게 한다고 얘기하잖아요. 그리고 대통령을 여당에 주면 국회의원은 야당에 주면서 균형을 맞춰왔잖아요. 전 그것이 대한민국 국민의 저력이라고 보는 거고, 그게 바로 집단 무의식, 집단 지성이라고 봅니다. 국민이 그런 의식 하지 않고도 집단 무의식적으로 그렇게 균형을 맞춰왔다는 겁니다. 저는 그게 우리 국민의 독특한 힘이라고 본다는 겁니다.

2. 한국 사회와 내집단 편향성

정정현 : 탄핵 이후 한국 사회가 어떻게 변화될 것으로 예상하십니까? 심리학을 전공하신 노영희 변호사만의 차별적인 시각으로 분석해 본다면?

노영희 : 우리는 지금 양극단으로 서로 찢어져 있잖아요. '내집단 편향성'이라고 하는 사회심리학 이론이 있어요. 내집단 편향성이라고 하는 건, 실제 아무런 근거나 개연성 없이 단순히 A 집단과 B 집단으로 사람들을 나눠놓아도, A라고 하는 명칭에 소속된 사람들은 A를 처음부터 자기 집단이라고 생각하고 자기 집단에는 뭐든 유리하게 하려는 편향이 생겨버립니다. B라고 하는 집단에 속한 사람들도 역시 마찬가집니다. 그렇다면서 그 각각의 집단 안에서 A는 B에 대해, B는 A에 대해서 서로 다른 집단에 대해 미워해야 할 만한 이유를 자발적으로 찾게 된다는 거예요. 이걸 내집단 편향성이라고 해요.

그러니까 예를 들어 이 테이블에 4명이 앉아있다고 보고

이 4명에게 아무런 이유도 설명도 없이 그냥 아무 숫자나 선택하게 해요. 그리고 그 4명이 1, 4, 7, 8중 하나를 선택했다고 칩시다. 그리고 사회자가 그들에게 1과 4는 '과소평가 집단', 7과 8은 '과대평가 집단', 이렇게 라벨링을 해주는 거예요. 하지만, 그들에게 과소평가 집안, 과대평가 집단 이렇게 라벨링을 해주는 것에 어떤 기준이 있다거나 이유가 있는 것은 아니었어요. 아무런 기준도, 이유도, 설명도 없이 그냥 단순히 숫자 하나를 선택했을 뿐인데 여기는 과소평가 집단, 저기는 과대평가 집단, 이렇게 그냥 집단 명칭도 아무런 근거도, 이유도, 설명도 없이, 지어준 것뿐이잖아요? 그런데도 그때부터는 서로 구분이 돼버려요. 그 다음부터는 그냥 무조건 무슨 일이 생기든 간에 과소평가 집단이라고 묶인 사람들끼리는 동료의식을 느끼고, 자신들끼리 서로 모든 걸 유리하게 해석 내려주고 우호감을 느끼는 등 편향성을 느끼게 돼버립니다. 아무런 까닭도, 근거도 없이.

정정현 : 그 이론을 우리 사회 전체로 확장해서 봐도 적용할 수 있겠네요.

노영희 : 바로 그렇습니다. 이런 내집단 편향성처럼 진보와 보수, 양 진영으로 갈라져 서로 맹목적으로 다투는 듯한 상황으로 연출되고 있는 거죠. 물론 진보든 보수든 어떤 면에서는 나름의 가치를 형성하게 되는 계기는 있었을 것이고 오랫동안 쌓여 왔겠지만, 사실 사람들이 그렇게까지 자신이 진보인지 보수인지 크게 신경 안 쓰고 살아왔고 또 살아가죠. 그런데 어느 순간 특정 사안이나 현상에 대해 의견을 말하면, 그것이 진보다, 보수다, 이렇게 평가반응이 와요. 그렇다면 그 사람은 그때부터 무조건 진보든 보수든 자신이 규정 받은 가치와 집단을 좇게 되죠. 사실 옳고 그름도 없어요. 그때부터 생각 없이 진보도 되고 보수도 되면서 그 각각의 라벨링에 맞춰진 행동을 하게 되고, 라벨링에 맞춰진 집단에 대해 스스로 '내 집단'이라고 생각해서 자기네 집단끼리만 좋아하고 상대방 집단과 차이가 얼마나 큰지, 상대방 집단의 잘못을 계속 찾아내려고 노력하게 되는 거예요.

이게 바로 지금의 한국 사회라고 봅니다. 양 극단화를 계속해서 이뤄가면서 여기에 목숨을 걸며, 사람들은 점점 집단 내 사람들끼리 살아가는 방법을 찾아내고자 편향을 작동하는 게 지금 우리 사회의 모습입니다. 탄핵이 결론 나기 전까지는 양극단이 팽팽히 맞서 싸우고 있으니까 지금은 각기 자기네가 잘하고 있다고 생각하잖아요. 그런데 탄핵이 결론이 나면 한 집단의 승리로 수렴되는 거니까 다른 한 집단은 그만큼 위축되겠죠. 자기네가 진 것을 인정하는 사람들이 있고, 인정하지 않는 사람들이 있겠죠. 인정하는 사람들은 '부질없는 일이었어.'라고 체념하게 되고, '어차피 난 그렇게 열심히 한 것도 아니었어.' 이런 식으로 자기합리화 시키면서 점점 사그라지겠지만, 한쪽 끝에서 너무 심하게 매몰돼 있던 사람들은 그걸 쉽게 버리질 못해요. 그 사람들은 그때부터 어떻게 하겠어요? 계속해서 이 집단이 헌법재판소를 부정하고 탄핵 이후 정권을 잡은 집단에 각을 세워야 하고, 탄핵 이후에 정권 잡은 사람들이 우리를 거짓말로 속이고 뺏어갔다고 생각하게 되고, 자기네끼리 계속해서 그런 음모론과 증오감을 자양분 삼아 더 증폭되고 확산하도록 상황을 전개해 끝까지 패배를 인정하지 않고 살아남으려 하죠.

정정현 : 점점 극단적인 집단이 되어간다는 거네요.

노영희 : 그렇죠. 그렇게 될 가능성이 있다는 거죠. 탄핵 이후에 그 숫자는 줄어들 겁니다. 지금 예상으로는 진보 진영이 승리할 것으로 보이는데, 그렇다면 진보 쪽에서는 하나의 목적을 달성했으니까 이젠 그렇게까지 목숨 걸고 할 필요가 없어지게 되지만, 보수 쪽에서는 점점 더 목숨 걸고서라도 해야 할 필요성이 있는 거죠. 그 와중에 성향이 조금 옅었던 사람들은 그냥 포기하고 자기 길로 돌아갈 수 있지만, 그렇지 않고 한 극단에서 아주 열심히 앞장섰던 사람들은 그 세력이 죽어버리면 자기 자체가 죽어버리는 것이니까 더욱 집착하고 매몰되는 경향을 보이게 되죠. 설 자리가 없기도 하고 자신이 부정당하는 것이기 때문에 그 음모론과 증오감을 매개체로 살아남으려고 노력하며 점점 더 극단화될 확률이 높아지는 거죠.

정정현 : 극단적 편향성의 극우 정치 목사한테 가서 머리 숙여 인사하고 원하는 대로 선동해주고, 국회의원이라는 사람의 인식 수준과 행동 양태가 바닥까지 극명하게 드러나고 있습니다. 한 인간이 어떻게 그렇게까지 밑바닥으로 치달을 수 있는지.

노영희 : 나경원 같은 사람도 그래요. 초선 때엔 그런 사람이 아니었잖아요. 지금은 오로지 자기의 정치적인 이득에 집착하고 매몰되어 사람들이 비난하든 말든 전광훈 같은 자 앞에 나가서 머리를 조아리는 거잖아요. 그 길로 계속 가다 보면 점점 더 무감각하게 그렇게 빠져들고 자기합리화가 강해지기 마련이죠. 그런데도 당장은 여기서 못 벗어나요. 이미 한 번 자기 정체성이 드러났기 때문에 어차피 그 길 아니면 더는 살아날 길이 없다고 생각하는 거죠. 그리고 5선까지 했기에 이후, 본인의 정치적인 진로와 입지는 6선, 7선 하는 것이 아니라, 서울시장을 거쳐 더 나아가고 싶은데 그걸 위해선 자기를 지지하는 핵심 코어 집단은 무조건 살려놔야 된다는 생각뿐이죠. 그것이 극우든 뭐든 아랑곳하지 않고. 자기 계산에 만약 보수가 아니라 진보가 낫다고 판단 들면 또 반대로 했겠죠. 그런 사람한테 무슨 가치관이 있겠어요? 지금까지 걸어온 길과 행태를 보면, 절대 그런 것, 없어요.

정정현 : 한국 사회에서도 유럽의 극우 집단이나 극우 정당의 길이 본격적으로 열릴 것이라 보십니까?

노영희 : 갈 수도 있죠. 미국의 KKK라는 백인우월주의단체가 그랬듯이, 정광훈, 손현보 같은 사람들의 세력과 조직이 점점 기승을 부리고, 그 속에서 소수 정예화된 집단이 나오겠죠. 그렇다면 그 세력권에 있는 사람들은 점점 더 매몰되어 가겠죠. 그런 집단에 한 번이라도 투자를 한 사람들은 그걸 빼먹기 위해서는 더 많은 투자를 하며 깊이 빠져들 겁니다.

정정현 : 전광훈을 정당하게 구속할 수는 없는 겁니까? 서부지법 폭동에서처럼 지난번에 윤 탄핵 때는 헌재로 몰려가자고 선동해댔고, 이제는 윤석열이 자기 집회에 나오면 '통일 대통령 만들어주겠다'잖아요.

노영희 : 지금 전광훈은 집행유예 기간이잖아요. 피선거권도 없을 텐데 대선을 나오겠다고 출정식까지 하고 있죠. 정상적인 사람이라면 '이 사람을 믿을 수가 없다. 도대체 왜 이러냐?'라고 생각하고 그를 멀리해야 할 텐데, 전광훈을 전적으로 믿는 사람들은 전광훈이 '내가 대통령이 되어야 하고, 하나님의 나라를 건설해야 하니 3조가 필요한데, 지금 100억밖에 안 모였으니 집 팔아서 빨리 돈을 내라'해도

다 믿는다는 거예요. 도대체가 이해할 수가 없어요. 그런데, 이렇게 선전 선동에 능한 사람에게 법은 정말 한없이 관대해서, 이 사람이 직접 폭력을 쓰거나 누구를 죽이거나 하지 않는 이상, 더 센 처벌을 안 내리더라고요. 전광훈이 폭력적 선동을 쏟아내면서 '표현의 자유'까지 들먹일 때, 우리 사회가 너무 관대하게 했어요. 그런데 웃기는 건, 현재 전광훈이 몰고 다니는 세력이 너무 커져서 또 그렇게 못한다는 거예요.

3. 대선 국면의 변수들

정정현 : 탄핵이 인용된다고 봤을 때, 탄핵 이후의 민주당과 국민의힘은 각각 어떻게 변할 것 같습니까?

노영희 : 일단 대선 준비에 집중하면서 통합 행보를 보여야 하겠죠. 계속 계파다툼을 하며 에너지를 낭비할 순 없잖아요. 같이 할 사람들은 같이 하고 안 될 것 같은 사람들은 깨끗이 정리하는 게 좋겠죠. 탄핵 국면이 끝나고 나면 대선 국면에 돌입해야 하는데 친문이든 비명이든 잘못 판단해서 대선에서 당이나 야권이 분열된다면 그 책임을 다 덮어쓸 순 없잖아요. 그렇다고 이 마당에 국민의힘 쪽으로 붙을 수도 없는 거잖아요. 그러니까 당연히 사소한 차이나 쟁점들은 잠잠해질 수밖에 없고, 지난 총선에서 워낙 비명계를 다 쳐냈기 때문에 조용히 지분을 챙기는 수밖에 없겠죠.

민주당으로서는 정권을 잡으면 탕평책으로 내부 갈등과 누수 현상을 다잡고, 장기적인 집권 플랜을 잡아나갈 수 있도록 노력해야겠죠. 또 정치적인 입지를 다지기 위해서는 단기간에 경제를 살려내야 하는 과제가 나오잖아요. 망가진 경제를 살려내고, 경제 활성화의 토대를 마련하려고 노력하겠죠. 하지만 제가 봤을 때, 어차피 금방 회복되지는 않을 거고 민주당이 실패할 수도 있어요. 그렇지만 일단 정권은 잡을 수는 있을 것 같아요.

정정현 : 한국의 현 상황을 임기 5년 안에 바꾼다는 자체가 너무 시간이 짧지 않나요?

노영희 : 너무 짧죠. 그래서 지난번에도 실패한 부분이 분명히 있다고 봐요. 예를 들면 문재인 전 대통령 같은 경우도 준비 안 된 개혁을 너무 많이, 급하게 서두르다 보니 결국은 말로만 떠들고 아무것도 못 했잖아요. 시간도 부족했고 워낙 센 기득권들을 상대한답시고 제대로 된 계획도 없이 그냥 막 뛰어 들어가서 요란스럽게만 했어요. 게다가 문재인 전 대통령은 천성이 점잖고 강하게 누구를 단죄하는 성격이 아니잖아요. 그러니 기득권층은 똘똘 뭉치고 결국에는 실패했고. 그게 또 정권을 내주게 된 계기가 된 거잖아요. 민주당도 알죠. 이재명 전 대표는 문재인 전 대통령보다 훨

씬 더 머리 좋게, 야무지게 잘할 사람인데요. 그래서 그런 문제들에 대해 충분히 생각해서 집권 계획을 짜고 개헌 논의에 착수할 가능성이 커요. 일단은 대권부터 잡고 그다음에 개헌 논의를 시작하게 되지 않을까 생각해요. 그래서 개헌을 통해서 4년 중임이든 뭐든 정권과 내각이 일할 수 있는 시간을 만들어 놓겠다는 장기 계획을 추진해나갈 거라고 봅니다.

정정현 : 민주당에서 가장 관심을 기울이며 염려하는 것이 이재명 대표의 재판이 중도층의 마음을 어떻게 움직일 것인가 하는 것입니다. 중도층 표심이 어떻게 움직일 것 같습니까?

노영희 : 저는 이재명 대표의 사법리스크가 별로 영향을 안 미칠 것 같아요. 그리고 이제 사법리스크라는 것은 없어요. 지금 재판의 향방은 '정치 검찰이 말도 안 되는 이유로 이 사람을 괴롭혔고, 또 괴롭혔고 기소권을 가지고 장난쳤구나'라는 쪽이에요. 그리고 설사 그런 것이 있다 하더라도 하도 오래되고 그동안 너무 우려먹어서 그에게 미칠 영향은 이미 다 반영됐다고 봐요. 실제로 지금 대장동 이슈도 많이

잊었잖아요. 몇 년간 내내 그 이슈가 난무했었잖아요. 너무 지겹지 않나요? 신선한 내용도 아니고.

정정현 : 검찰도 제기된 의혹에 대한 더는 증거를 파낼 수 있는 능력도, 더 나올 증거도 없는 듯한데….

노영희 : 네. 대장동 재판부도 이제 다 바뀌어요. 지금까지 끌고 왔던 프레임이 모두 검찰이 구축한 프레임에 따라 정리되고 진행됐던 것들인데, 이제는 아마 뒤집히게 될 것 같아요. 지금 분위기가 바뀌고 있어요. 대장동 사업 관련해서 이재명 측에서 주장했던 것들이 많이 안 받아들여지고 지지부진하던 게 있었는데, 이제는 속도감 있게 정리될 수도 있고, 대통령 되면 모든 게 중단될 수도 있죠. 어쨌든 중요한 것은 이재명에게 유리한 쪽으로 정리가 될 것이라는 겁니다. 검찰의 기소가 너무 무리라는 것이 밝혀지면서 그렇게 정리될 것 같아요.

정정현 : 검찰의 기소가 무리했다고 밝혀진 게 어떤 내용이었죠?

노영희 : 선거법 위반 혐의에 대한 2심 재판 결과 무죄가 나오면서 검찰이 무리했다는 게 밝혀지게 되는 거죠. 지난번에 다른 건 재판에서도 1심에서 무죄가 나왔었잖아요. 위증교사 사건이었는데 이 사건은 2심에서도 똑같이 무죄 나올 확률이 높죠. 그리고 다음의 대장동 사건도 재판부가 다 바뀌면서 새로운 시각으로 살펴보게 될 것이고, 그동안 계속 제기되어 왔던 검찰의 무리한 기소와 수사 관련 내용이 언론에서 제대로 다뤄질 확률이 높다는 거죠. 말하자면 판이 바뀐다는 거죠.

정정현 : 국민의힘이 대선에서 승리하려고 한다면 어떤 조건이 필요할까요?

노영희 : 어떤 조건에서도 승리하지 못할 것 같아요. 지금 너무 시간이 짧아요. 국민의힘이 빨리 대선전에 돌입해서 하나로 뭉쳐 이재명을 집중적으로 공략해서 뭔가 맥을 잡아줘야 하는데, 지금은 서로 동상이몽同牀異夢에 빠져 있어요. 일치단결一致團結해서 뭔가 보여주기가 어려운 상황이잖아요. 국민의힘이 이번 대선은 포기했다는 이야기를 들

었어요. 지금 국민의힘 내부는 대선보다 당권을 잡고자 각 개약진各個躍進하고 있는 상황인데, 당권을 잡으려고 무리해서 전광훈 무리와 손잡은 나경원, 윤상현, 이런 사람들은 완전히 실수하고 있는 겁니다. 정말 한 치 앞을 내다보지 못하는 어리석은 행동을 저지르는 것이어서 오히려 국민의힘 당원들마저 한심하게 생각할 것 같아요.

정정현 : 특별한 변수가 없다면 민주당이 대선 승리가 거의 확실시됩니다. 대선까지 시간은 짧다고 하지만 민주당 내부에서 계속 뭔가 툭툭 튀어나오잖아요. 고민정 씨도 그렇고 뭐 김경수 씨도 그렇고. 그런 게 또 다른 분란의 시초가 되지 않을까요?

노영희 : 아니에요. 그 사람들은 그냥 형식적으로 한마디씩 할 뿐이에요. 지금 바쁘기도 하고, 그들의 세력이 너무 적어졌기도 하고, 더는 민주당 지지자들이 그런 것을 용납하지 않아요. 지난번처럼 양쪽으로 나뉘어선 안 된다는 것을 경험으로 알아요. 이제는 그냥 뭉치는 것밖에 없어요. 다소의 이견이 있다고 해도 일단은 봉합될 것 같아요.

정정현 : 일각에서는 만약에 이준석과 국민의힘이 손을 잡는다면 민주당에서 위기 상황이 오지 않을까, 아니면 단일화 없이 각각 나간다면 민주당이 유리하다고 보는데, 그 각각의 가능성에 대해서는 어떻게 보십니까?

노영희 : 이준석까지 포함해 후보 단일화는 안 할 것 같아요. 국민의힘 골수 지지자들은 물론 권영세 대표나, 권성동 원내대표가 이준석을 워낙 싫어하고 원수가 되다시피 했잖아요. 게다가 명태균게이트 수사에서 검찰이 가지고 있는 내용이 다 공개되면 이준석의 책임도 매우 크다고 볼 거예요. 이준석과 김건희 사이에서 짜고 진행한 일이라든가, 이준석이 늘어놓은 지저분한 것들이 자기들한테 묻을까봐 더 걱정하게 될 가능성이 있어요.

정정현 : 예를 들어 민주당에서 이준석에게 총리나, 과기부 장관을 주겠다면서 끌어안는다면, 그럴 가능성은 있다고 보는가요?

노영희 : 그것도 없다고 봐요. 현재 유일한 변수는 '한덕수'

지만, 한덕수 효과는 미미할 것이고, 반기문처럼 망신만 당하고 끝날 거라고 봅니다.

4. 조기 대선의 과제들

정정현 : 이번 조기 대선의 키워드가 뭐가 될 것으로 생각하시나요?

노영희 : 경제가 키워드라고 봐요. 사람들은 경제를 제일 중요하게 생각할 것 같습니다.

정정현 : 말 그대로 먹고사는 문제.

노영희 : 그래서 먹사니즘, 잘사니즘 얘기가 나오잖아요. 저도 개인적으로 경제가 다시 제대로 회복되기를 바라고, 트럼프 재집권 이후 관세 드라이브나 중국의 팽창주의 문제들에 대해 제대로 잘 대처해나갔으면 해요.

정정현 : 우리 정치가 가장 시급하게 해결해야 할 과제는 무엇이라고 보십니까?

노영희 : 지금까지 정치를 왜곡시키고 주권자의 헌법적 권

리를 훼손시켜 왔던 정치인들과 주변인들의 추악한 행태를 다 척결하고, 경제를 잘 살려 나갈 수 있는 능력을 키우는 게 가장 중요하겠죠. 저는 정치인들이 너무 무능력하다고 봐요. 정치인들이 철학을 가지고 국가를 한 방향으로 이끌어주는 게 필요한데 지금의 정치인들은 너무 후져요. 정치인들이 국민을 끌고 나가는 게 아니라 국민이 정치인들을 끌고 나가는 셈이에요.

정정현 : 문제는 그 후진 정치인을 국민이 계속 뽑아주잖아요.

노영희 : 공천받은 사람 중에 달리 이렇다 할 인물들이 안 보이니까 그냥 나온 그대로 뽑는 거죠. 투표율도 영향을 미치겠지만, 정치인들이 계속 몹쓸 짓을 하고 있지만, 옥석玉石을 가려서 뽑힐 사람은 뽑고 도태될 사람은 도태하도록 해야하겠죠. 저는 대한민국 국민이 현명하다고 봐요. 아직까진 국민의 뜻이 왜곡되거나 정치인들이 마음대로 아전인수我田引水 하는 것일 뿐이지, 막상 선거라는 뚜껑을 열어보면 대한민국의 국민이 어떤 것을 선택했는지 명확하게 보

게 될 것이고 정치인들을 놀라게 할 것이라고 봅니다.

정정현 : 아직은 우리나라에 지역주의가 너무 짙어서 지역마다 3선, 4선 했던 사람들은 솔직히 누가 뭐라 해도 계속 뽑히고 있잖아요. 윤상현이 그랬잖아요. 사고를 쳐도 사람들은 1년만 지나면 다 잊어버린다고.

노영희 : 그것도 윤상현의 말이고, 몇 년 전 이야기일 뿐이죠. 요즘은 영남권도 상당히 각성했다고 들었고. 그렇게 엉망이진 않을 것 같아요. 이제는 많이 줄어들 것 같아요.

정정현 : 불안한 것이 윤상현 말마따나, 시간 지나면 또 뽑아주고, 권성동 의원이 저렇게 막 나가도 강원도에선 또 뽑힐 것 같아요.

노영희 : 그동안 젖어있던 관습이 있으니 그럴 가능성도 물론 있겠지만, 만약에 정말 그런 일이 또 일어난다면 그건 정말 구제 불능이죠.

정정현 : 지금까지 문제가 계속 드러나 왔지만, 탄핵과 대선을 거치면서 국민의 식탁에 오르기 전에 정당 차원에서 먼저 그런 것을 걸러내려고 하는 자정 노력이 이제는 나오지 않을까 하는 기대는 하고 있어요. 자기들이 살려면 자신들도 스스로 바뀌지 않으면 안 된다는 위기의식은 가질 것 같아서요. 변호사님 생각은 어떠세요?

노영희 : 이번 결과를 보고서 판단하겠죠. 대선 전에는 당명을 바꾸거나 할 수 있는 시간이 없으니까 그냥 그대로 간다고 하더라도, 대통령이 탄핵당하고, 대선에는 지고 나면 또 당명을 바꾸면서 체질 개선한다고 나올 공산이 크죠. 나경원, 윤상현 같은 자들에게 책임을 씌워 쫓아내고 뭔가 새롭게 태어나려는 모습을 보이겠죠. 그래야지만 정당의 미래가 있는 거 아니겠어요?

5. 윤석열이 남긴 것들

정정현 : 윤석열이 핵심적으로 실패했던 원인 한 가지만 꼽는다면 무엇이라고 생각하십니까?

노영희 : 윤석열은 일단 무능력했고, 그다음에는 김건희가 실패의 원인이죠. 무능과 김건희. 윤석열은 무능했고, 김건희한테 지배당해 제대로 된 판단을 못 해왔잖아요. 원체 무능한 사람이니까 그걸 극복을 못 했던 거예요.

정정현 : 심리학적인 관점으로 봤을 때, 윤석열의 핸디캡은 무엇이라고 보십니까?

노영희 : 앞에서도 말씀드렸다시피, 성장 과정 중에서 인정을 못 받았고, 아버지에게 그렇게 혼나면서도 '마더 콤플렉스'가 있어서 엄마가 자기를 계속해서 보호해 주는 역할을 해 온 결과 '마마보이'가 됐다고 그랬잖아요. 그 엄마 역할을 지금 김건희가 대신하고 있는 거예요. 윤석열이 힘들 때 엄마처럼 위로해 주고, 돈도 대주고, 조언해주면서, 윤석열

에겐 사람들과 술 마시고 즐기더라도 다 용인해주면서 의존하게 만드는 거죠. '괜찮아. 내가 다 해결해 줄게.' 하는 식으로 가스라이팅하는 겁니다. 그래서 윤석열을 완전히 지배하면서 이 사달이 벌어진 거죠.

정정현 : 대통령으로서 자질로 가장 중요한 한 가지를 들자면 무엇이겠습니까?

노영희 : 저는 '유능함'이라고 봅니다.

정정현 : 그럼 최악은 무능함이겠네요.

노영희 : 네. 최악은 무능함이죠. 게다가 줏대도 없이 저렇게 왔다 갔다 하고 선악에 관한 판단도 없는 사람.

정정현 : 우리가 탄핵 국면과 명태균게이트 수사와 재판을 통해 정치와 브로커의 실체와 방식을 알게 될 것이고, 대선에서도 계속 그런 문제가 등장하게 되면서 국민은 분노하고 허탈해할 텐데, 그래도 제2 제3의 명태균이 나오겠죠?

노영희 : 나오죠. 박근혜 때는 최순실이 있었다지만, 윤석열 때는 건진법사에, 천공에, 명태균에 한둘이 아닙니다. 게다가 이들은 상당히 저렴하고 지저분한 수준으로 국정에 개입했다는 것이 드러났어요. 예를 들어, 건진 같은 경우는 각종 기업의 세무 문제를 해결해 주겠다고 하면서 돈을 달라고 했다고 보도가 되었었고, 윤석열 취임 직후 3일째 만들어진 5천만 원어치 한국 은행권이 비닐도 뜯지 않고 건진(전성배)의 집에 있었다고도 하고요, 그런데 건진이 왜 이런 돈을 가지고 있었냐? 통일교에서 김건희 가져다주라고 6천500만 원짜리 목걸이(이제는 8천만 원도 넘는다고 하더군요)를 건네주고 배달비로 건진에게는 수억 원을 줬다는 거고요. 아마, 윤석열 내외의 캄보디아 순방도 통일교가 연관되어 있을 것 같아요. 실제 그런 행위로 통일교가 무엇을 얻고자 했는지는 모르지만, 세상에 공짜는 없는 법인데, 무슨 일이 벌어지고 있었는지 뻔하지 않나요?

시사인 주진우 편집장의 취재에 따르면, 건진은 김건희 모친인 최은순의 심부름을 했던 사람인데, 김건희네 패밀리 비즈니스에 밀접한 관련이 있다는 겁니다.

건진은 처음에, 일광사에서 마당이나 쓸던 보잘것없는 사람이었다는 제보도 있는데, 최은순을 통해서 윤석열하고 연을 맺으면서 엄청난 지위와 권세를 누리게 되었다는 거죠.

영화 톱스타도 건진법사로부터 윤석열을 소개받아야 영상통화라도 가능했고, 대통령 부부를 만나려면 1억 원을 거마비로 건네야 했다는 거죠. 윤핵관도 대부분 건진이 추천하거나 컨펌해야 된다는데, 이 정도가 되니 사람들이 우스갯소리로 천공 위에 위 명태균, 그 위 가장 센 건 건진이라는 얘기까지 하게 되죠.

애기보살이라 불렸던 노상원도 결국 무속이고, 건진, 천공, 명태균 전부 무속이 연결고리라고 볼 수밖에 없어요. 대한민국이 지난 3년 동안 완전히 미쳐있었던 것 같고, 이제 미몽迷夢에서 깨어나 보니 그 추잡한 민낯이 드러나는 거죠. 요즘 많이 조용해졌지만, 천공도 한참 난리를 쳤었지요. 그 사람이 말 같지도 않은 말을 한마디 하면 대통령이 그 말대로 정책을 펼치는 수준이고, 너나 할 것 없이 천공의 유튜브를 찾아

보는 지경이었죠. 게다가 천공은 글도 제대로 읽을 줄 모르는 사람이라는 소문이 있었고, 천공 밑에서 평생을 바친 사람들은 최저 임금도 받지 못하고 일을 했었다는 말도 있었죠.

그렇게 수준 낮고 말도 안 되는 소리를 해대는 사람이 왜 방송에서 주인공이 되고, 왜 사람들의 관심을 받게 되는지, 누가 봐도 이상했지만, 결국 천공이 실세라고 생각할 수밖에 없는 여러 가지가 있었다는 거고, 그걸 윤석열 부부가 조장한 거였죠.

윤석열 부부가 청와대에 안 들어가고 국방부 땅을 뺏고 육사 땅을 뺏어서 관저 짓고 직, 간접 비용으로 1조가량 들어간 관사 만들고 그게 다 천공이나 명태균 때문인 것 같은데, 과연 이런 세상이 제대로 된 세상이라고 할 수 있는지, 참으로 한심한 대한민국이 아닐 수 없습니다. 이제 특검을 통해서 모든 것을 밝혀내야겠지만, 정말 제대로 밝혀낼 수나 있을지 그것도 잘 모르겠어요.

물론, 그런 종류의 브로커는 민주당에도 있고 국민의힘에도 있어요. 정치판에서는 근절될 수는 없다고 봐요. 한 명이 아무리 똑똑하다 해도 누군가에게는 의지하는 관계를 맺곤 하잖아요. 누군가에게 영향력을 행사할 수 있는 사람은 언제든지 나타날 수밖에 없고, 제2, 제3의 명태균은 나올 수밖에 없어요. 다만, 그 방식이 지금처럼 아주 추악하고 극단적인 모습으로 나올 것 같지는 않습니다. 명태균게이트가 가능했던 건 윤석열 김건희 부부의 특성 때문에 그랬다고 보기에, 앞으로는 그렇게까지 한 명에게 의존해 모든 것들을 좌지우지하는 일은 나오진 않을 것 같아요. 박근혜와 윤석열이 결국 최순실이나 명태균이라는 사람들에 의해서 흥했다가 망한 거잖아요. 왜 그런 일이 벌어졌을까요? 이 두 대통령의 특징은 '철저한 무능'이에요. 그리고 심약한 사람들이에요. 이 무능한 사람들에게는 반드시 최순실, 명태균 같은 사람이 필요하게 돼요. 그런 사람이 있어야만 포장을 잘할 수 있고 대통령 자신이 잘하는 것처럼 비칠 수 있으니까요.

앞으로는 이 두 명과 같은 전철을 밟을 대통령이 과연 또 나올지는 모르겠지만, 이 정도까지 가지는 않을 것 같아요. 그리고 그런 대통령을 이제는 국민이 안 뽑겠죠.

정정현 : 이런 문제를 막기 위해 법적, 제도적 보완을 한다면 어떤 것이 필요하겠습니까?

노영희 : 기본적으로 이런 사람들이 권력 주변에서 활동하지 못하도록 비선조직을 정리하고, 시스템 공천과 대통령 주변에 유능한 사람을 발탁할 수 있도록 시스템을 고쳐 만드는 수밖에 없겠죠. 인사 기능과 조언 기능이 제대로 작동할 수 있도록 하는 거죠. 대통령이 사적인 관계의 사람들을 자기 주변에 포진시켜 놓고 국정 운영의 책사로 쓴다거나 하는 자체를 끊어내기는 무척 어려우니까, 그렇게 하려면 결국 언론이나 사정기관이 제대로 역할을 해줘야 하는 거예요. 어차피 이것은 한두 가지 방식으로 해서 되는 건 아니겠죠. 지금은 총체적으로, 여러모로 보완이 필요하다는 정도의 추상적인 얘기밖에 할 수가 없을 것 같아요.

정정현 : 대통령이 너무 많은 권력을 쥐고 있다, 권력을 분

산시켜야 한다고 말하는데, 그 점에 대해서는 어떻게 생각하세요?

노영희 : 지금의 권력의 형태가 윤석열 때에 와서 갑자기 더 많아진 게 아니에요. 오랫동안 대통령제가 유지됐는데, 윤석열이 한 모든 행위는 사실 기존 대통령들도 원래 하려면 할 수 있었던 것들이에요. 대통령 권한을 남용할 수 있었단 말이에요. 하지만 지금까지의 대통령들은 그렇게까지 하지는 않았다는 거예요. 하물며 박근혜 대통령도 이렇게까지는 하진 않았어요. 이명박도 마찬가지예요. 윤석열이라는 사람만이 김건희와 명태균에게 휘둘러서 이 모양, 이 꼴이 된 건데 그건 대통령이 무능력하면서 남의 말을 듣는 꼭두각시였기 때문에 가능한 얘기였어요.

제도의 문제도 분명히 있겠지만, 저는 제도의 문제보다도 사람이 그걸 어떻게 운용하느냐가 더 중요한 문제라고 봅니다. 대통령 거부권을 이렇게 많이 행사할 줄도 몰랐고, 인사청문회를 제대로 통과하지 못한 그 수많은 국무위원을 다 직권으로 임명했잖아요. 도대체 그런 사람이 누가 있었어요? 그러니 윤석열에 대한 국민의 지지율도 그렇게 밑바닥으로 떨어졌던 거잖아요.

그런데 그렇다고 해서 의원내각제로 권력의 구조를 바꿀 것이냐 하면, 저는 그건 아니라고 봐요. 한국에서 의원내각제는 오히려 시끄럽고 힘들 거라고 봐요. 그러니까 지금의 대통령제를 보완해서 대통령이 권한을 남용하지 못하도록 장치를 더 세분화시켜서 권한의 범위를 확실히 제한하는 게 필요하다 봐요. 의원내각제를 하고 싶어 하는 사람들은 권력을 좀 나눠서 자신들도 갖고 싶다는 의도도 다분하다고 봐요. 순수하지 않죠.

6. 박영수 특검 VS 윤석열 대통령

정정현 : 앞에서 박영수 전 특검의 이름도 잠깐 언급하셨던 것 같은데, 혹시 박영수 특검이나 대장동 사건도 명태균게 이트와 연결되는 지점이 있는가요?

노영희 : 명태균 사건과 연결되는 것이 아니라 검찰 내부 얘기를 하다가 나온 건데, 박영수 검사를 제가 특검으로 박지원 의원한테 추천했었어요. 박영수 특검이 나한테 고마워하고 그랬었죠. 그때 저도 그 특검팀에 합류할까 하다가 안 갔어요. 박영수 특검은 원래 삼성그룹과 매우 가깝게 지냈는데, 특검을 맡으면서 삼성을 수사하게 되어서 눈물을 머금고 삼성을 잡았어요. 그때, 김만배가 삼성으로부터 로비를 받고 삼성을 봐달라고 박영수 특검한테 로비했어요. 박영수 특검이 저한테 그러는 거예요. 박영수 특검의 심정은 복잡했지만, 법과 원칙대로 삼성과 거리를 두고 이재용을 구속하려 했는데, 윤석열은 사실 알고 보면 사람들 앞에선 잡는 척하면서도 뒤로는 봐주고 그런 스타일이에요. 말이야 "사람에게 충성하지 않는다."라고 하지만 그게 아니에

요. 그러니까 이게 얼마나 웃기는 정치예요?

정정현 : 윤석열은 원래 박영수 사단으로 불릴 정도로 서로 돈독한 관계였잖아요?

노영희 : 박영수 검사가 특검에 임명되면서 좌천되어 변방에 가 있는 윤석열을 끌어다가 특검 수사팀장으로 앉혀줬잖아요. 윤석열의 명예도 회복시켜주고 살길을 열어준 거잖아요. 그때까지만 해도 윤석열은 박영수에게 은인이라며 고맙다고 충성을 다했어요. 한동훈도 마찬가지고. 그런데 특검이 끝나고 난 다음, 대장동 사건이 터졌어요. 사실 대장동 사건이라고 하는 것은 민주당이나 이재명 대표로서는 황당한 일이었고, 박영수 특검으로서도 전혀 의외의 문제였어요. 박 특검은 단지 자기가 고문을 해주었던 건이라고 단순하게 생각했었거든요. "나한테 이렇게까지 할 줄 몰랐다. 나는 이 친구들이 이렇게까지 나를 버리고 뒤통수칠 줄 몰랐다."라고 한탄해요. 그런 심경을 어떻게 말로 다 하겠어요.

박영수는 특검 수사 당시, 삼성을 끊어서라도 특검을 성공 시키고, 박근혜를 탄핵한 후 빨리 특검을 정리하고, 그 성과로 공수처장을 하든 뭘 하든 마지막으로 뭘 하나 하려고 생각하고 있었어요. 그런데 공수처장은 물 건너가고, 윤석열이 중간에서 개판 치다가 검찰총장을 거쳐 대통령이 되면서 자기를 확실히 끊어버리려고 배신해서 결국 자기를 감옥까지 가게 했다는 것이 그 이야기예요. 이 모든 걸 제가 다 지켜봐 왔어요.

그래서 결과론적으로 김만배는 나한테 "박영수 특검께 미안하다고 전해달라. 내가 박영수 특검을 괜히 대장동에 끌어들여서 오물을 다 뒤집어쓰게 했다. 미안하다고 꼭 전해달라"라고 했어요. 그렇다면서도 어쨌든 일관되게 행동했어요. 남욱은 눈치를 보면서 검찰에 붙었다 떨어져 나왔다가 별 난리를 친 끝에 결국 나름대로는 감옥에서 썩지 않고 잘 버텨 살아남은 거죠. 그러니까 이런 모든 상황을 알고 보면 참 재미있는 모습들이에요.

7. 극단주의와 극우세력의 배경

정정현 : 한국 사회에서 극단주의가 발효되는 근본적인 배경은 무엇이라고 생각하십니까?

노영희 : 앞서 말한 것처럼, 일반적으로 사람들이 가지고 있는 심리적인 특성이 무조건 집단으로 나뉘고 집단에 소속되고 싶어 하는 심리가 있어요. 나와 저 사람은 다르다, 나는 어딘가에 소속되고 싶다, 하는 심리가 항상 있어요. 한국 사람들은 개성과 자유를 중시하는 서구인들에 비해 특히 집단에 소속돼 있을 때 훨씬 더 편안함을 느끼고, 집단에 속해 있을 때 훨씬 더 자기 행동을 정당하다고 믿는 독특한 경향성이 강해요. 그게 한국 사람들에게 두드러지는 특유의 심리 성향이자 집단 무의식입니다. 집단 속에서 개인의 정체성을 찾고 안식을 찾게 돼요.

어떤 식으로든 특정 집단에 속하고 싶어 하고, 일단 한 번 속하게 되면 그 집단이 타 집단하고 다르다고 하는 것을 끊임없이 자신에게 소구하고 알려주려고 하면서 다른 집단과 자기 집단과의 차이를 만들어내고 밝혀내고자 노력하게 됩니다. 이런 경향이 행동으로 강화되고 확대 심화하면 바로 극단주의가 됩니다. 우리가 보통 집단사고를 해서 브레인스토밍 같은 걸 하다 보면, 일반적으로 혼자 있을 때는 절대 선택하지 않을 아주 극단적인 결정을 내리는 경우들이 많이 있어요. 그게 사회심리학에서 수많은 실험으로도 입증됐는데, 그게 심리학적 용어로는 '집단극화Group polarization'이라고 하거든요. 한국 사람들이 집단에 좀 더 열광하고 집착하는 면이 있는데, 그것이 점점 심해지면서 집단극화가 발생하게 되고, 이게 유튜브 알고리즘을 통해서 훨씬 더 확증편향을 불러오게 만드는 거예요.

유튜브가 발전하지 않았을 때는 자신에게 확증 편향적인 정보만 들어오지 않았어요. 그런데 지금은 자기도 모르게 그런 정보만 들어오게 알고리즘이 작동되고 있잖아요. 그런데도 우리는 그걸 몰라요. 모르는 상황에서 무의식적으로 받아들인 정보를 진실이라 확신하며 맹종하는 것이 알면서 속이는 행위보다 오히려 더 위험해요. 왜냐면 스스로는 정당하다고 믿으니까. 집단극화가 계속해서 발화되는 이유는, 유튜브나 단톡방 등 SNS를 통해 확증편향이 점점 더 강해지고, 깊어지면서 내 편, 네 편을 가르려고 하는 심리, 내 편에만 유리하게 만들려고 하는 심리로 치닫기 때문입니다.

정정현 : 예전에는 어떤 정보를 접하면 이게 맞나 틀리나 한번쯤 고민을 해보잖아요. 그런데 그런 정보가 10번씩 반복해서 들어오고 주변에서도 그런 얘기를 해대면 확신이 서버리는 거죠. 나중에는 스스로 그런 정보만 찾아서 보게 되고.

노영희 : 자신은 정보를 공정하게 접해서 제대로 판단했다고 믿고 있는데 사실은 공정한 게 아니라 편견에 쌓인 정보들만 받아 머릿속에 채우면서 그걸 진리라 믿는 거죠. 확증편향은 이런 식으로 무의식을 지배하게 되니 정말 무서운 거예요.

정정현 : 지하철 타고 가다 보면 노인분들이 옆에서 극우 유튜브 방송을 계속 듣고 있는 것도 바로 그런 거죠.

노영희 : 게다가 그런 극단적인 정보나 왜곡된 정보를 접하면서 확증편향에 빠진 사람이 자신만도 아니고 점점 늘어나고 자기와 비슷한 생각을 하는 사람들만 찾고 만나게 되거든요. 자기 혼자만 있을 때는 뭐가 맞고 틀린 지 헷갈릴 텐데, 자기 옆에 사람도 옳다고 그리고 또 다른 사람도 옳다고 그렇다면 그게 그냥 생각할 틈도 없이 옳은 것으로 믿어버리죠. '내가 물어보니까 다들 그렇다고 하네? 나만 그렇게 생각하는 게 아니네?' 이러면서 자신도 그 생각이 당연히 옳다고 생각하고 믿어버리는 거죠. 되게 무서운 일이죠.

정정현 : 지금 우리가 나눈 대화 내용이 굉장히 중요한 얘기입니다. 사회심리학적으로 분석해 본 확증편향, 집단귀속감, 집단극화, 이것의 통로가 되는 유튜브 알고리즘. 이런 현상이 지속해 심화 확대되면 그 사회는 극단과 극단이 대결하는 끔찍한 사회가 될 수 있다는 것. SNS나 유튜브 등을 통해 소식과 정보를 듣는 것들이 사실은 자기의 자유롭고 다양한 정보 선택을 방해하는 거잖아요. 또 편향된 정보를 맞는다고 믿게끔 해버리는 거잖아요. 그런데 이건 갈수록 심해질 것으로 생각하면 되게 무서워져요.

범위는 축소되겠지만 살아남은 극우세력이 똘똘 뭉치게 되는 거죠. 그런데 이것이 유럽 사회처럼 정치세력화되고 제도정치권 안에서 근거지를 마련하게 되면 더 끔찍한 일이 되는 거죠. 이런 극단주의, 차별주의를 극복하기 위해서는 어떤 법적인 처벌을 할 수 있다고 보십니까? 아니면 어떤 법을 만들어야 할는지요? 혹은 또 다른 대안이 있는지요?

노영희 : 저는 법적인 걸로는 해결할 수 없을 것 같아요. 그건 사람들의 인식과 심리에 해당하는 부분이기도 하고, 생각이 한쪽으로 치우친다고 해서 그걸 어떻게 처벌하겠어요? 법적으로 뭔가 제재한다는 것 자체가 사상과 양심의 자유를 제약하는 것이어서 안 될 겁니다. 너무 극단적으로 내 생각만이 옳고 다른 사람의 생각은 전부 틀리다는 생각에 빠져 다른 사람에게 폭력을 사용하여 상처 주고 피해를 주는 행동을 하는 게 문제잖아요. 그래서 그것에 대해 명백히 거부하고 반대하는 문화를 만들어가는 캠페인을 벌이는 게 더 우선적인 일이 아닐까 해요. 잘못된 상황을 바꾸고자 하는 사람들의 각성, 자발적으로 해결하기 위한 방향,

그리고 인간은 누구나 차별 없이 고귀한 존재이며 서로가 다름을 포용하는 공론의 장을 만들어가는 수밖에 없지 않을까 생각이 들어요.

정정현 : 진짜 '혐오가 돈이 되는 세상'이 되었다는 생각이 강하게 들어요.

노영희 : 극우 유튜버들이 평산마을에 찾아가서 몇 날 며칠 그 난리를 치고 있는데도 경찰이 제재를 안 했잖아요. 그러니까 그들이 더 극성을 피울 수밖에요. 그 행위를 죄악시 생각하고 비판해주는 문화가 필요한데, 특히 언론이 그런 걸 못 해주니까 결과적으로는 아무도 손을 못 대는 상황이 돼버리고, 오히려 그런 유튜버들에게 편승해서는 그들이 잘한다고 응원하는 지경까지 이르렀죠. 특히 정치인들이 그들을 의도적으로 이용하는 게 제일 나빴던 거죠. 사회의 공적 시스템도 돌아가지 않아서 더 그러는 거고. 저는 무엇보다 그것을 정치인들이 자기 이익에 맞게끔 이용하는 것이 가장 나쁜 영향을 크게 미친다고 봐요.

유튜버들도 그런 짓으로 쉽게 돈을 버는 거니까 자기네들은 편해요. 복잡하거나 어려운 일도 아니고. 중립적으로 설명하고 주장하는 건 사실 돈이 안 돼요. 뭔가 돈이 되게 하려면, 한쪽 진영의 편을 확실히 들어서 상대 진영을 악마화시키고 자극적으로 만들어 조회 수가 많이 나와야 돈이 되잖아요.

정정현 : 그런 말이 있잖아요. "왜 다 인기를 얻으려고 그래? 절반은 버려. 절반만 잡아도 돼." 어쩌면 그 말이 참 잘 들어맞는 시대다 싶네요. "어차피 우리를 욕하는 사람들한테 잘할 필요가 뭐 있어? 내 편에게만 잘하면 돼." 이런 얘기죠.

노영희 : 옛날에는 그런 말을 들으면 '옳지 않아, 미쳤어.' 이렇게 생각했잖아요. 지금은 진짜 그 말이 맞는 것 같다는 생각이 들어요.

PART 06

변호사
노영희 이야기

전 제가 약속한 걸 한 번도 어긴 적이 없어요.

말한 건 전부 다 지켜요. 무조건

다른 사람의 일을 맡을 땐 잘 따져요.

남의 일은 잘못되면 안 되니까.

내가 책임져야 하니까.

그런데 모든 걸 그렇게 하다 보면

막상 내 것까지 그렇게 하기가 너무 힘들어요.

..... 제 머리를 못 깎아요.

1. "일단 한번 해보자"....
평범하지만, 망설임 없던 소녀

정정현 : 본인 소개를 부탁드리겠습니다.

노영희 : 변호사 노영희라고 합니다.

정정현 : 박사과정까지 심리학을 전공하셨는데 심리학을 전공한 이유는 무엇입니까?

노영희 : 특별한 이유는 없습니다. 학력고사에서 전기 떨어지고 후기로 가면서 심리학을 선택했는데, 그저 사람에 대한 심리를 공부하는 것이 재미있겠다 해서 선택했죠. 제가 학력고사 볼 때 청심환을 먹고 그냥 잠을 자버려서 시험 점수가 생각보다 나쁘게 나왔어요. 전기 떨어지고 후기에 문과로 궤도를 돌려 심리학을 공부하자는 생각으로 갔는데 결과적으로는 잘 된 것 같아요. 지금 보면 저는 심리학이 참 잘 맞는 것 같아요.

정정현 : 심리학은 어떤 학문이며 궁극적으로 추구하는 것은 무엇인가요?

노영희 : 피상적으로는 사람들이 어떤 상황에서, 어떤 생각을 가지고, 어떠한 행동을 할 것인가에 대한 예측과 기대를 파악하는 학문이라고 하는데 저는 그보다는 사람을 제대로 이해하는 학문, 사람이 결국은 이 세계가 돌아가는 시스템의 원동력이며, 세상의 시스템을 이해하기 위한 기본 학문이라고 봅니다. 예컨대 오늘 저와 선생님이 만나 이런저런 이야기를 할 때, 단순히 '저 사람은 이런 사람'이라고 이해하는 정도의 수준으로 끝날 수도 있지만, '저 사람은 이런 성격의 사람이고, 이런 종류의 추진력을 가지고 있는 사람이니까, 저 사람이 다른 사람과 연결되어 사건이 났을 때, 어떤 방향으로 틀어갈 수 있고 그림을 그려나갈 수 있다'라는 것들을 파악하면 그것이 결과적으로는 변호사의 업무에도 도움이 되더라고요.

재판에서 판사의 말은 당연히 법리法理에 따른 것이고 증거와도 부합하는 말인데 판사의 질문이나 판사가 요구하는 여러 가지 사항들, 그리고 상대 변호사들이 하는 말들을 종합적으로 판단해 보면, 그 재판에서 법리적으로는 증거가 다소 모자랄 때도 '이 부분에 저 사람은 꽂힐(?) 것이다' 하는 직관적인 판단들이 제 나름대로 계산기 두드리듯 하는 상황들이 있는 것 같아요. 그런 직감을 잘 건져 올리면 진짜 증거가 다소 부족하더라도 오히려 그게 통해서 재판에서 이기기도 하고 그러더라고요. 검사들과의 관계나 법리 논쟁에서도 마찬가지고 그러니까 마치 심리 싸움이랄까? 그런 것들에 대한 이해력과 판단력이 일정하게 생기는 것 같습니다.

정치와 관련된 부분이나 방송에서 진행하는 시사평론도 대중의 심리를 정확히 이해하는 부분에 심리학을 전공했던 제가 상대적으로 더 특화돼 있다고 느낄 때가 있습니다. 대중의 심리는 어떨지 몰라도 '방송사나 상대 패널은 이 사안이나 주제를 이렇게 끌고 나가서 사람들에게 영향을 미치고 싶어 하는구나!'라는 것을 약간 본능적인 감각처럼 종합적으로 이해를 잘하게 되는 것 같아요. 그러다 보니 그런 감각이나 직관적 판단들이 상대방과 토론할 때 '상대방이 놓치는 부분이 어떤 것이다, 어떤 걸 잘 모를 것이다'라는 것에 대한 감이 잡히고, 그 부분에 집중해 화제 전환도 하고 내가 핵심을 다잡아서 상대방에 관한 규정을 하기도 하니까 그런 게 정말 많은 도움이 됩니다. 그 모든 게 심리학 전공을 통해 배우고 익힌 거라고나 할까요.

정정현 : 심리학 전공자로서 우리 사회의 여러 이슈를 바라보는 관점도 남다른 부분이 있을 법한데, 구체적으로 어떤 지점에서 그런 점을 느끼곤 하십니까?

노영희 : 저는 정치든 정책이든 모든 것이 다 '사람'으로부터 비롯된다고 생각해요. 예를 들어, 지난 문 정부에서 서민을 위해 집값을 다잡겠다고 부동산 정책을 썼는데, 오히려 부동산 가격이 올라가는 상황이 있었잖아요. 많은 부동산을 많이 가진 사람이 더 부자가 되고 나는 상대적으로 박탈감을 느끼니까 대중은 부자들을 싫어하기 마련이지만, 그렇다고 해서 중산층 이상의 사람들을 전부 적으로 돌려놓는 정책은 패착敗着이었죠. 중산층 이상의 사람들 처지에선 지금까지 정부에서 지키라는 사회 규범대로 열심히

살았고, 열심히 노력해 돈 많이 벌었고, 내가 부동산값을 올린 것도 아니고, 정부 정책 때문에 집값이 올라갔는데 왜 나를 죄악시하고 죄인처럼 취급하는가? 이렇게 감정이 나빠지는 거죠.

가진 자와 못 가진 자를 구분해서 부자는 나쁜 사람, 돈 없는 사람은 착한 사람, 이렇게 구분해 놓게 되니까, 없는 사람들은 좋아할지 모르겠지만 중산층 이상의 사람들은 그 정권이 미워지거든요. 문제는 그렇게 해서 끝나는 게 아니에요. 사실 중산층 이하의 사람들도 상류층이 싫어서가 아니에요. 거기에 무슨 계급혁명階級革命 같은 생각이 들어있는 것이 아니거든요. 사실은 나도 그 팀에 끼고 싶은데 상대적으로 못 끼었기 때문에 기분이 나쁜 것뿐이라는 거죠. 나도 거기에 오르고 싶지만, 문제는 정부 정책 때문에 갑자기 확 올라가 버리니까 거기로 올라가는 사다리 자체를 아예 끊어버린 셈이 되어버렸잖아요. 그렇게 되면 중산층 이하 계층에서도 잠재적으로 불만이 쌓이기 마련이죠. 모든 걸 해결해 줄 수 있는 것처럼 메시지는 나오는데, 결과적으로는 아무것도 해준 게 없어. 게다가 가만 보니까 너무 무능력해. 이런 것들이 다 섞여서 불만과 비난이 시작되는 겁니다. 그러니 차라리 그냥 큰소리 뻥뻥 치고 능력 검증도 안 된 윤석열 같은 사람이 나오고 오히려 그쪽이 호탕하게 뭔가 다 해줄 것 같으니 관심을 두게 되는 거죠. 그런 것 하나하나가 다 사람의 심리에서 나오게 된 반응이고 행동이라고 생각해요. 심리학을 전공하게 된 데에는 그런 상황과 사람들을 이해하고 싶은 마음이 가장 컸기 때문입니다.

정정현 : 대학원 생활 외에 처음으로 사회생활을 하게 된 일은 어떤 일이었습니까?

노영희 : 저는 특별한 계기가 있어서 뭘 새롭게 시작하지는 않아요. 그냥 생각이 들면 부딪혀서 해보는 겁니다. (웃음) 제 삶에 영향을 미친 일들이 여러 가지가 있었는데, 그중 하나는 제가 영재교육 일을 하게 된 거였어요. 굉장히 잘 됐어요. 운 좋게도 지금까지 뭘 시작해서 실패한 경험이 별로 없어요.

한 30년 전에 CBS 방송국 산하에 영재교육연구소라는 게 생겼어요. 제가 대학원 다닐 때였는데 한국교육개발원에 계신 조석희 박사님께서 외국에서 공부하고 들어와 '대한민국 영재학'을 한번 키워보자는 생각으로 영재교육 관련 일을 하고 계셨어요. 그때 매일경제신문에 다니던 선배가 CBS 영재교육연구소에서 영재교육 관련 일을 해줄 연구원을 뽑는다며 시간제로 일해보지 않겠느냐고 제의해왔죠. 제가 인지심리학 전공이었으니 영재교육 같은 일에 관심이 많았어요. 그때 조 박사님의 동생이 양재동에 CBS 영재교육연구센터를 운영하고 계셨어요. 거기서 일주일에 두세 번씩 일하게 되었죠. 아이들은 일주일에 한 번 오는데, 그 아이들의 지능검사를 토대로 5명씩 소규모로 팀을 이루어 인지력, 사고력, 언어 능력, 이런 것들을 일반 교육과정과는 달리 교육하는 일이었어요.

저는 기존 방식으로 안 가르치고 영재교육 프로그램을 전부 따로 만들어서 교육했어요. 그리고 어머니들에게 아이들 한 명, 한 명에 대해 어떤 특징이 있고, 공부 시간에 무엇을 했는지를 일일이 다 설명해줬어요. 그래서 이 아이는 겉으로 보기에는 30점 맞았지만, 내면으로 보면 50점, 60점이다. 그런데 왜 그렇게 평가하는가에 관한 것까지 개별적으로 다 설명해줬어요. 말하자면 그 아이들의 단순한 말 한마디, 행동 하나하나를 가지고 분석을 해준 거였는데 그런 사례가 어머니들에게는 아주 신선하다는 호평을 받았고, 아이들도 새로운 프로그램을 정말 재미있어하니까 완전히 붐을 일으킨 거예요. 당시에 김영삼 대통령 손자와 LG그룹의 아이들도 가르쳤고, 현대그룹 정의선 회장의 아이들과 다른 아이들도 가르치고, 하여튼 재벌가 사람들의 아이들을 굉장히 많이 가르쳤어요. 그러면서 크게 성공했는데, 그때가 석사학위를 따고 대학원 박사과정에 들어갈까 말까를 고민할 때였죠.

그리고 또 특이했던 경험은 제가 석사 논문을 써야 하는 마지막 학기 때였는데 논문 쓰는 와중이었어요. 과연 내가 어떤 능력을 갖추고 어떤 사람이 될 수 있을 것인가에 대한 끊임없는 회의감 때문에 심란해하던 상황이었지요. 그때 안기부 시험을 보게 되었어요. 정말 우연이었어요. 우리 집이 이문동이었는데 인근 청량중학교 담벼락에 안기부 직원 선발 벽보가 붙어 있는 거예요. 6급 시험인데 특별히 준비를 안 했어도 기본 몇 과목만 치면 되더라고요. 한번 해보자 해서 시험을 쳤는데 덜컥 합격해 버린 거예요. 그때 나 스스로에 대해 자신감을 많이 가지게 되었어요.

2. 심리학자의 길을 접고 변호사로

정정현 : 박사과정까지 심리학 과정을 다 마쳤었는데, 잘 나가던 영재교육을 하다가 갑자기 법조인이 되신 계기는 무엇입니까?

노영희 : 사법시험을 치게 된 이유도 어떻게 보면 참 단순했어요. 제가 영재교육하고 있을 때 든 생각이, 영재를 가르친다는 선생님이 영재가 아니면 너무 부끄럽지 않을까? 내가 이 아이들을 가르칠 만한 깜냥이 되는지 시험을 봐서 한번 확인해볼까? 하는 생각도 있었던데다, 그 당시에 저와 살짝 사귀던 친구가 검사가 됐는데 그때 '뭐지? 쟤도 하는데 나라고 못 하겠나?' 하는 생각도 들었고, 그리고 제 동생이 그때 교통사고를 내서 경찰 조사를 받게 되었는데 그때 '내가 검사라면 제대로 조사할 수 있을까?' 하는 생각을 해본 적도 있어서 그냥 사법시험을 쳐보게 된 건데, 그것도 붙어버렸죠. 그러니까 제 삶은 전체적으로 특별한 생각 없이 생각 드는 대로 막 부딪히던 식이었던 것 같아요. 이런 이야기를 하면 남들이 웃게 보니까 동기나 명분 같은 것을 좀

멋있게 포장해야 하는데도 막상 멋있게 포장할 말이 없어서 좀 곤혹스럽기는 하네요. (웃음)

정정현 : 사법시험을 치게 된 계기는 그렇다고 해도, 그 과정이 쉽지는 않았을 것 같은데..

노영희 : 어쨌든 당시에는 신神이 도와주시는 건지, 뭐라도 시작하기만 하면 전부 잘 되고, 영재교육도 너무 잘 돼서 여기저기서 요청이 들어왔어요. 사법시험 치기 전 대학원 다닐 땐 시간강사를 여기저기 많이 했어요. 덕성여대, 성균관대, 강원대, 강릉대, 경희대, 광운대 등등 많이 했는데, 1996년에 처음으로 대학에서 강의 평가가 도입되었어요. 그런데 강의 평가 결과가 너무 높게 나왔고, 학생들이 너무 좋아하는 거예요. 그렇게 정신없이 살면서 그냥 석사, 박사 수료하고 논문 써내고 교수가 될까 했는데, 박사 논문을 써서 교수가 되어봤자 교수가 된다는 보장도 없었고, 박사 논문도 쓰려면 3년이 걸리거든요. 그래서 교수직 말고 지금부터 한 3년 정도 투자를 해서 무조건 확실하게 될 만한 거를 해야겠다고 작정했죠.

당시에 남편이 현대그룹을 다니다 보라매공원 근처 데이콤으로 옮겨서 신림동으로 이사 갔어요. 그런데 동네 주변을 돌아보니까 운동복 입고 다니면서 고시 공부를 하던 사람들이 많더라고요. 그래서 또 도전의식이 발동했지요. 아무런 정보도 없이 부동산중개소에 가서 어느 고시학원이 좋은지 물어봐서 고시 공부를 시작하게 됐어요. 그러니까 강의하면서 갑자기 시작하게 된 고시 공부인데 멍청한 결정이었죠. 차라리 그때 한창 잘 나가던 영재교육을 살렸어야 했어요. 돈을 진짜 많이 벌었거든요. 그런데 그걸 아까운 줄도 모르고 한순간에 손 놔버린 거죠. 그리고 기약도 없이 사법시험공부를 시작한 거예요. 뭔지도 잘 모르고, 될지 안 될지도 모르는 상태에서요.

윤석열 대통령이 9수 했다는 거 봐요. 그렇게 하는 사람 진짜 많거든요. 내가 너무 아무것도 모르니까 겁도 없이 시작한 건데, 나중에는 조금씩 후회하긴 했죠. 그래도 완전히 후회하기 전에 붙어서 그나마 다행이었죠. 내가 사법시험을 봤을 때는, 1차 시험을 보고, 합격자 발표를 그다음 해 1월에 했어요. 그러면 그해 6월과 그다음 해 6월에 2차 시험을 보는 거예요. 그리고 나면 6월 이후 즉, 2학기 때는 공부가 안되거든요. 그래서 저는 그때 6월에 시험 보고 2학기 때 성균관 대학교에서 강의하고, 내친김에 12월 계절학기까지 가르치고 있었어요. 사회과학 방법론 강의 등 세 가지 과목을 가르치고 있는 도중에 합격 통지가 온 거예요. 너무 기뻐서 합격 통지받았다고 학생들에게 얘기하고는 그냥 이 길에 뛰어들었죠.

합격하고 나서 연수원 다니면서는 변호사를 하려고 처음부터 마음먹었어요. 변호사는 한곳에 거주하면서 안정적으로 살 수 있고, 게다가 저는 조직에 적응적인 사람이 아니니까 조직 생활은 하지 말자, 그리고 사람들이 하지 않는 걸 하자고 생각했고요. 그래서 중소기업들을 대상으로 원스톱 법률서비스를 제공해 주자고 생각했어요. 그때까지만 해도 변호사들이 잘난 척하고 다닐 때여서 그런 법률서비스를 해주면 굉장히 좋아했거든요. 그때 구로디지털단지에 사무실을 내고 여기저기 사람들 만나고 다니기 시작했죠.

그러다가 대한변호사협회 회장님이 협회장 선거에 출마한

다고 도와달라고 해서 살펴보니 그분이 열세劣勢더라고요. 그래서 차라리 잘 됐다, 열세인 사람을 도와야겠다, 해서 돕기로 했는데 잘 되었어요. 그렇게 여러 번의 변협회장 선거를 도와드리면서 '선거의 여왕'이라는 말도 들었죠. 그 후 변협 대변인으로 활동하면서 방송 출연을 하게 되었는데, 그게 인연이 되어서 시사평론까지 하게 된 거예요. 제가 깊이 생각을 하지 않고 단순하게 생각하고 살아서 그게 문제(?)였지만, 어쨌든 한번 시작하면 뭐든지 열심히 했어요.

3. 사람에 대한 믿음

정정현 : 단순하다기보다 체질적으로 배어 있는 전략적 사고, 현실적이고 구체성 있는 생각, 이런 부분들이 몸에 밴 결과라고 읽힙니다. 주변 사람들이 얘기하는 본인의 성격은 어떤 성격이라고 정리할 수 있습니까?

노영희 : 저는 제가 아주 착하다고 생각하는데 남들이 착하다고 안 보죠. 그런데 저 정말 대단히 착해요. (웃음). 좀 촌스럽기도 하고. 그러다 보니 사기도 많이 당했는데, 그 얘기는 안 하는 게 좋겠어요. (웃음)

정정현 : 본인이 판단하고 결정하고 추진한 일은 실패가 없는데, 주로 사람에 대한 믿음에서 실패했던 경우가 많은 거네요. 그런 믿음은 여전하신가요?

노영희 : 전 제가 약속한 걸 한 번도 어긴 적이 없어요. 말한 건 전부 다 지켜요. 무조건. 그런데 사기당하는 사람들의 공통점이, 자신이 그런 믿음이 있으니까 상대방도 당연히

그 말을 지킬 거로 생각하다 당하는 것 같더라고요. 그리고 저 같으면 확실한 것, 제가 감당할 수 있는 것이 아니면 말을 안 하는데, 상대도 당연히 그럴 거로 생각하다 당하는 거죠. 저는 상대가 전문가라고 생각하고 그 사람의 말을 전적으로 믿어버리는데 그렇지 않은 사람이 너무 많은 거예요. 결국은 상대방이 나와는 생각이 다르구나, 굉장히 무책임하다는 걸 나중에야 깨닫게 되는 거죠. 다른 사람의 일을 맡을 땐 잘 따져요. 남의 일은 잘못되면 안 되니까. 내가 책임져야 하니까. 그런데 모든 걸 그렇게 하다 보면 막상 내 것까지 그렇게 하기가 너무 힘들어요. 사실은 마음도 여린 편인 데다 제 머리를 잘 못 깎아요. 누군가를 안타까운 마음에 도와주려다가 당한 게 여러 번이에요. 이제 냉정하게 살아야 한다, 절대 감정적으로 하면 안 된다, 그런 생각을 많이 했는데 그게 잘 안 돼요. 힘들고 어려운 사람을 보면 마음이 힘들어져서. 그래도 선한 사람들이 세상의 희망이라는 믿음은 있어요.

정정현 : 본인의 좌우명이 있을까요?

노영희 : 제 주제(?)에 좌우명이 어디 있겠어요. 그냥 좌우명처럼 여기고 있는 생각이라면, '남에게 피해 끼치지 말고 살자'가 저의 기본 인식이에요. 제가 손해를 보더라도 남에게는 손해나 피해는 주지 말자는 생각이죠. 전 그렇게 훌륭한 사람이 아니기에 거창한 것보다 그저 남에게 피해는 주지 말자. 이것만 지키자고 생각하죠. 원칙적으로 질 것은 지고 이길 건 이기는 것이 맞지만, 현실적으로는 그렇게 안 되죠. 하지만 적어도 의뢰인에게 미안할 짓은 하지 말아야겠다는 것이 제 기본 생각이죠.

정정현 : 정직함과 솔직함, 이런 것과도 상통이 되네요.

노영희 : 그렇죠. 거짓말을 잘하고 남을 잘 속이려면 정말 머리가 좋아야 해요. 그래서 세밀한 면이 다 맞아떨어져야 하는데 만약에 뭔가 조작하거나 거짓말하거나 그렇다면 어디선가 삐걱거리고 구멍이 나기 마련이거든요. 그래서 그렇게는 하지 말자는 거죠.

정정현 : 그것이 변호사로서 업무에 임하는 원칙과 기준이

될 수도 있나요?

노영희 : 그렇죠. 성실하게 최선을 다해서 일하자는 게 기본인데, 사실 뭐 말이 그렇지 맨날 그렇게 잘할 수가 있겠어요? 그냥 열심히 할 수 있는 한까지는 해보자는 거죠.

4. 시사평론과 정치

정정현 : 심리학을 전공한 변호사로서 변협회장 선거를 도우며 시사평론도 시작하게 됐는데, 백선엽 관련 논란은 어떻게 벌어지게 된 건가요?

노영희 : 저는 사실 정치를 싫어하는 편이에요. 제가 봤을 때 별로 잘 모르면서 그냥 입으로만 정치한답시고 떠드는 사람도 너무 많은 것 같고, 사고는 비어 있고, 솔직히 못 하는 사람이 많은 것 같았어요. 하지만 그건 제가 피상적으로 봤을 때의 얘기고, 실질적으로 제가 그 안에 뛰어 들어가면 또 다른 상황이 벌어질 수가 있겠죠. 예컨대 백선엽 논란도 그런 논란이었어요. 제가 방송하면서 정말 힘들어서 좌절했던 시기이기도 했어요.

〈YTN 출발새아침〉 라디오 진행을 맡고 있을 때여서 MBN 뉴스와이드에는 의리상 나가게 되었어요. 거기서 백선엽 장군에 관한 얘기를 하게 된 거예요. 그날, 자막과 자료 화면에 백선엽 씨 자신이 자서전에서 '미안한 일이지만 그때는 어쩔 수 없었다'라고 서술한 대목이 있었는데, 당시 현충원에 묻히느냐 마느냐 하는 논란이 있었거든요. 그래서 저는 그 사람이 6.25 전쟁에서 공을 세운 건 인정하지만, 친일파 논란이 있는 사람이 현충원에 안장되는 것은 옳지 않다"라고 말하고 싶었는데 프롬프트의 자료 화면과 섞여서 말이 꼬여버린 거였죠.

그러자 극우와 보수진영 사람들이 그 보도만 보고 문제 삼으며 가만두지 않겠다고 사무실에 전화해서 협박하는 등 난리가 났어요. 하도 전화가 오고 한 번도 경험 못 한 일을 당해보니까, 저 때문에 피해 보는 우리 직원들이 못 견디겠다 싶기도 했고, YTN 라디오도 피해를 보면 안 되겠다 싶어서 하루 만에 YTN 라디오 진행을 그만두었어요. 당연히 MBN도 하차고 모든 방송을 다 그만뒀죠.

정정현 : 그 일이 왜 엉뚱하게 비화하고 보수 측으로부터 공격받았다고 생각하세요?

노영희 : 아마 제가 그 당시에 스피커로서의 영향력이 좀 있

었던 것 같았어요. 제가 좀 직설적이고 과격하게 말하니 보수나 우파진영에선 그걸 일부러 빌미 삼아 공격해댔죠. 그때가 사실 개인적으로 힘들었던 때인데도 일상생활에선 그렇게 실감은 못 했어요. 왜냐하면, 변호사로서 제 할 일을 하고 단지 방송만 안 하면 그만이었으니까. 그런데 나중에 보니까 보수 측 사람들이 저를 점점 프레임화시키는 것이 있더라고요. 그래서 방송도 안 하게 되었는데, 그때 저는 '이게 이렇게 돌아갈 일인가?' 하며 의아하게 생각했어요.

정정현 : 이후 다시 방송을 나가게 되고 총선 때마다 여러 당에서 영입 대상자로 거론되기도 하셨는데, 그건 어떻게 된 일입니까?

노영희 : 그 이후엔 변호사 일에만 집중하고 있었는데, TBS에서 다시 방송 진행을 맡게 되고 이곳저곳에서 방송 활동을 계속하게 되었고, 그 이후 정치권에서 영입 얘기도 나오게 된 거였어요.

5. 책을 펴내는 이유

정정현 : 이번에 이 인터뷰를 통해 책을 만들겠다고 생각하신 계기가 무엇입니까?

노영희 : 명태균게이트를 보면서 진짜 정치인들이 너무 썩었다, 우리나라의 정치인들이 이런 식으로 양산되는구나, 하며 깜짝 놀랐어요. 제가 보기에 명태균 씨는 머리가 굉장히 좋고 직감적으로 생각하고 행동하는 게 있지만, 선과 악에 대한 구분이 별로 없는 사람이라 여겨졌어요. 편법이든 불법이든 목표를 정하고 그 목표대로 누군가를 당선시키려고 할 때, '모로 가도 서울만 가면 된다'라는 말을 실천에 옮기는 사람 같았어요. 일반인들 같으면 사실 그런 편법을 몰라서라기보다는, 해서는 안 된다고 생각해서 아예 그런 생각까지는 안 하고 실천에 옮기지도 않겠죠. 그런데 이 사람은 이기기 위해서라면 불법이든 편법이든 과감히 해 버리는 것 같았어요. 그게 명태균의 특징이에요. 정치인들이 자신은 못 하니까 그런 작업을 하는 명태균 같은 사람과 손잡고 일을 시켜서 자신이 금배지를 단다는 거죠. 다른 지역

도 마찬가지겠지만, 영남권 정치인들이 많이 드러났죠. 그렇게 정치인들이나 브로커집단이나 사람들이 정말 지저분하고 거짓말을 너무 잘하는 걸 보고선 깜짝 놀랐어요. '정말 못된 사람들이다'라고 확신했죠.

정정현 : 명태균게이트 관련자들을 만나거나 대화해보시면 정치브로커들이 활개 칠 수 있는 배경이 무엇이라고 생각하십니까?

노영희 : 정치인들이 자기 손엔 피를 안 묻히고 이익을 보려 하고 목적을 이루려 하니까 그런 것이라고 봅니다. 정말 '이렇게들 구질구질하게 인생을 사는구나'라는 생각을 많이 했어요. 명태균 씨 녹취록이나 강혜경 씨의 얘길 들어보면, 한 번만 살려달라고 애원해서 도와준 사람도 많다고 그랬거든요. (그런데 이 부분에 대해서, 명태균 씨는 나중에 말을 달리하더군요.) 어쨌든 그랬던 사람이 나중에는 완전히 나 몰라라 하고 있지 않습니까? 지금 그런 사람이 한둘이 아니거든요. 자기가 시킨 짓 때문에, 자기가 걸릴까 봐 화를 내면서 발뺌하는 모습들을 보면 정말 이렇게 썩어 빠진 상

황이 이해가 안 갈 뿐만 아니라, 검찰이 여태껏 간을 보면서 선택적 수사를 하는 것이 너무 이상했습니다. 명태균이라는 정치 브로커가 착한 사람도 아니었고 자신도 다른 사람을 이용하려 했던 거였겠지만, 모든 책임을 단순히 이 한 사람에게만 떠넘겨도 되는 걸까? 저는 그런 부분에 대해서 사람들에게 알리고 싶었습니다. 이 책을 통해 명태균게이트의 배경과 핵심, 우리 사회와 정치의 본질적인 면모를 정리해서 알리고 싶었던 거죠.

정정현 : 이 책이 우리 사회에 어떤 교훈과 영향을 일으켰으면 좋겠다고 생각하십니까?

노영희 : 우선, 우리 정치가 비전과 정책이 아닌, 야비한 협잡 挾雜에 의해 이루어지고 있다는 걸 사람들이 분명히 알았으면 좋겠다는 것, 대통령과 아내 그리고 주변의 사람들도 이런 브로커에게 놀아나면서 자신들끼리 만들어 놓은 틀 안에서 서로 밀어주고 끌어주며 만들어가고 있었다는 것, 그래서 정치 판이 전혀 투명하지 않은 작은 사회라는 것을 제대로 알리고 싶습니다. 얼마나 덧없고 얼마나 정제되지 못

한 정치판인가를 명태균게이트를 통해 확실히 알았으면 좋겠어요. 그래서 대한민국이 조금이라도 더 투명하고 깨끗해지는 계기가 됐으면 좋겠어요.

그런데 이런 말을 할 때 사람들은 흔히들 그래요. "국민의 힘만 그런 것 같죠? 아니에요. 변호사님, 민주당도 다 똑같아요. 호남 쪽도 보세요. 그 사람들, 그쪽도 당 이름만 꽂으면 다 되는 거잖아요. 그 자리에 앉기까지 그런 식의 일들이 오로지 경남에서만 일어날까요?" 그런 얘기를 하더라고요. 저는 틀린 말은 아니라고 생각해요.

제가 정치의 모든 것을 알 수는 없지만, 지금의 상황을 뜯어보면, 결국 권력이라고 하는 것이 정말 나라를 위해 내 능력껏 최선을 다해 한번 일해보겠다는 게 아니라, 이런 장난을 치는 브로커를 내가 잘 아니까 이 브로커를 이용해서 나도 한번 한자리 해보겠다, 이렇게 되는 게 너무나 싫은 겁니다. 실제 명태균게이트를 통해 어느 정도 그런 메커니즘의 작동이 밝혀졌기 때문에 그걸 정리해주는 게 필요하다고 생각했고, 그래서 대한민국의 정치가 조금이라도 투명하고 깨끗하게 되면 좋겠다는 생각이었습니다. 이 책을 통해 한국 정치의 민낯을 공개하면서 그런 뜻이 어느 정도는 이뤄지는 계기가 되지는 않을까 생각해요.

정정현 : 그 뜻과 목적에 방해되거나 지장을 초래할 수 있는 변수는 무엇이 있다고 보시는지요?

노영희 : 책 하나 쓴다고 단박에 그렇게 되겠습니까? 저 같은 사람이 명태균이라고 하는 브로커에 관해 쓴다고 해서 얼마나 영향을 미치겠어요? 다만, 명태균게이트를 통해 여과 없이 드러난 지저분한 정치의 민낯이 확인됨으로써 공정하지도 못하고, 깨끗하지도 않은 실체가 드러나고, 국민 앞에서 정치인들이 겉으로 내세웠던 정의가 얼마나 비루한 것이었는지 깨닫게 해주는 정도의 역할만이라도 하면 좋겠다고 생각했어요. 제가 뭘 썼다고 해서 거창하게 어떤 일이 하루아침에 바뀌거나 투명해지거나 할 거라곤 생각하지 않아요. 말씀하신 것처럼, 변수가 너무 많으니까. 그냥 조금이라도 사람들에게 울림을 주고, 현실의 이면에는 이런 모습과 배경이 있다는 걸 알게만 하는 정도만이라도 만족해요.

정정현 : 앞으로 계획하고 있는 일이 있다면 어떤 일이 있을까요?

노영희 : 지금도 매일 눈을 뜨면 오로지 제가 맡은 재판에서 무조건 이겨야 한다는 생각을 항상 하고 있습니다. 그래서 그런지 승소율이 꽤 높아요. 그게 고마운 거죠. 어쨌든, 그게 제 기쁨이에요. 그것 말고 다른 계획이라고 하면, 공부를 더 열심히 해서 말로만 떠들지 말고 진짜 인간의 본질을 제대로 이해하고 맡은 일을 해나가고 싶다는 생각입니다. 그리고 가난하고 소외된 사람들, 평범한 서민들. 기득권을 가진 사람들이 아닌, 어려운 사람들 편에서 일하고 싶어요. 옛날 어른들이 다 그랬겠지만, 저희 부모님도 시골에서 태어나 힘들게 사셨어요. 그런 생활에서 삼 남매를 낳았는데 다들 사회의 한 축에서 성실하게 자리매김하고 살고 있어요. 저는, 그 정도면 충분하다고 봐요. 저희 부모님들이 무슨 거창한 이데올로기나 이런 것을 아는 사람들이 전혀 아니지만, 성실하고 근면하게 살아가면 충분히 그에 걸맞은 결과물을 얻을 수 있는 삶이라는 것을 증명해주었다고 보거든요.

저는 그 정도 수준으로 열심히 노력하면 될 수 있다는 것을 사람들이 자각하게 되었으면 좋겠고, 가진 것 없이 사는 사람들의 삶을 너무 많이 봐왔기에 그분들이 가진 생각이나 그분들이 원하는 방향을 차별이나 계층을 따지지 않고 교류하고 소통하며 돕고 싶어요. 특히 오세훈 시장처럼 "고소득층은 자제, 저소득층은 아이"라는 식의, 생각부터 뼛속 깊이 타인을 무시하는 사람들이 너무 싫어서 저 같은 생각을 하는 사람들이 이 사회에 좀 많이 나왔으면 좋겠다 싶어요. 그런 목소리를 내주는 게 좋겠다, 이런 생각을 하죠.

더 우스운 건, 오세훈이나 홍준표 시장처럼 은연중에 엘리트주의를 내비치고 강조하는 태도는 건 오히려 열등감 劣等感에서 비롯되었다는 거죠. 그 사람들도 굉장히 가난하게 살았던 사람들이에요. 오세훈 시장도 가난했고 홍준표 시장도 어렸을 때 아버지가 부도나서 일당 800원 받으면서 살았다고 하잖아요. 그렇게 가난하게 살았던 산 사람들이 지금은 마치 태생부터 엄청 엘리트였던 것처럼 행동하는 건 콤플렉스라고 봐요.

지금 굉장히 잘 살고, 보수주의적 태도를 보이는 사람 중에 과거에 매우 가난하게 살았던 사람들이 많아요. 다 가난하게 살았던 사람들인데 자신들이 지향하고 있는 저 높은 곳으로 너무나도 오르고 싶었던지라, 마치 자기는 출신이 다르고, 없는 쪽과는 거리가 있는 것처럼 얘기하며 오히려 자신들이 더 남을 무시하면서 자기가 상류층 집단에 속한 것인 양 행동하거든요. 그것은 위선이죠. 그런 게 참 싫다는 겁니다.

정정현 : 뉴라이트가 변절하고 난 이후, 더더욱 극우적으로 가는 이유도 바로 그런 거겠죠?

노영희 : 프로이트 심리학적 관점에서는, 사람들이 어떤 사건에 대해 극복하는 방식이 따로 있다고 봅니다. 지금은, 프로이트 심리학적 관점을 믿지는 않지만, 그 이론은 언제 봐도 재밌어요. 하여간 프로이트에 따르면 성격이 형성되는 과정에서 너무 지저분한 환경에서 자란 아이는 오히려 청결을 지나치게 강조하는 예가 있어요. 아예 더 지저분해지거나, 그와 반대로 청결을 너무 강조하여 미친 짓을 하거

나. 저는 방금 언급한 사람들이 그런 유형과 비슷하다고 봐요. 홍준표, 오세훈 시장이 과거엔 어려운 환경에서 자랐지만, 지금은 그걸 극복했잖아요. 그렇다면 자신의 과거를 그렇게 부정하며 버릴 필요가 없는데, 이 사람들은 열등감이 잠재되어 있으니 아예 과거를 덮어버리고 '난 원래부터 태생이 이런 사람이었어'라고 말하는 것과 똑같은 것이거든요. 태생부터 상류층은 나경원, 윤석열 같은 사람들이고, 그 부류의 사람들은 바닥에서 올라가 상류층이 된 사람들을 대등하게 인정해주지도 않아요. 옳지도 않은 일이지만. 극복해 낸 과정을 훌륭하게 생각하지는 않고, 자신의 과거를 부정하며 가진 것 없이 사는 사람을 업신여기는 건, 그 사람 인격이 정말 덜 돼서 그렇거든요. 저는 그런 위선적인 행동을 타파하고 싶다는 겁니다.

정정현 : 법法이란 과연 우리에게 어떤 것이라고 정의할 수 있겠습니까?

노영희 : 법이 만능이 아니에요. 법으로 해결할 수 없는 게 너무 많아요. 법에 대해 많은 사람이 갖는 환상을 깨야 해

요. 법은 기득권을 가진 사람들이 운용을 잘해서 자신들에게 유리하게 쓰는 도구가 될 수가 있죠. 없는 사람에겐 흉기가 될 수가 있고요. 법의 본질이 그러면 안 되죠. 물그릇이 어떤 모양이냐에 따라 담기는 물의 형상이 달라지는 것이 일반적이긴 하겠지만, 법은 그렇게 하면 안 돼요. 법은 모든 사람에게 똑같은 기준으로 적용되는 것이거든요. 어떤 사람은 법을 만능으로 생각하는 사람들이 있는데, 법은 사람의 편의 때문에 만들어진 도구일 뿐입니다. 그래서 법 만능주의, 법치 제일주의 같은 관념은 그럴듯하지만, 잘못된 관념으로 사라져야 할 권위주의 시대의 유산입니다.

법치 만능주의를 배격하고 극복해 가면서 당장은 현재의 법이 누구에게나 똑같은 기준으로 적용될 수 있도록 노력하는 과정이 필요합니다. 저는 법을 신성화한다거나 엄청 대단한 것으로 생각하지 않아요. 얼마나 말도 안 되는 법들이 많은데요. 실제로 재판하다 보면 모든 것이 해석의 영역이 있거든요. 그런데 그 해석의 영역이라고 하는 것이 진짜 코에 걸면 코걸이, 귀에 걸면 귀걸이처럼 되는 게 정말 많습니다. 그게 변호사의 역량에 달린 영역이지만, 그렇다고 변호사의 역량이나 법리만 가지고 되는 게 아니라 판사와의 관계, 검사와의 관계에 따라 또 달라져요.

예를 들면, 검사가 선택적으로 수사하고 선택적으로 증거를 수집하여 재판에 넘긴다면, 판사는 그 수사 내용과 증거만 가지고 재판합니다. 판사가 그 증거만 가지고 판단하게 된다면 처음부터 사건은 방향이 바뀌어서 진행되는 거잖아요. 판사가 스스로 수사하면서 사건 실체를 파악하기는 어렵잖아요. 변호사도 마찬가지예요. 우리나라는 변호사가 할 수 있는 게 하나도 없어요. 검사들은 수사권을 가지고 자신들 마음대로 이것저것 찾아보고 조사해 볼 수 있겠지만, 변호사들은 그럴 권한이 없어요. 의뢰인이 주는 것만 가지고 판단할 수밖에 없거든요. 그러다 보니 변호인이 갖고 싸울 수 있는 무기가 거의 없는 상황인 거예요. 저는 그런 불공정함이 너무 싫지만, 그렇다고 해서 모든 변호인이 다 검사처럼 수사할 수 있도록 할 수 있는가 하면 그건 더 말이 안 되죠. 그렇게 되면 사회가 얼마나 어지럽게 되겠어요? 그런 점에서 어느 정도의 한계가 있어요. 그래서 법을 절대적으로 생각하면 옳지도 않고 실망하기 마련이며, 상대적인 수많은 요소가 있다는 걸 알면, 오히려 법 앞에 더 겸손하게 행동할 수밖에 없을 겁니다. 그래서 '법은 그냥 법. 그자체로 바라봐야 한다.'라고 말하는 겁니다.

6. 변호사 노영희의 꿈

정정현 : 지금 변호사님의 꿈은 뭡니까?

노영희 : 아까도 말했지만, 재판에서 무조건 이기는 게 제 꿈이에요. 단순하죠? (웃음) 제가 맡은 재판을 무조건 이기는 것. 저는 해마다 그렇게 다짐해요. 내가 맡은 재판은 무조건 이겨내자고.

정정현 : 혹시 정치에 대한 꿈은 있습니까?

노영희 : 사실 처음에는 전혀 정치에 대한 꿈이 없었어요. 그리고 제가 정치를 할 능력과 주제도 안 된다고 생각했고요. 그러다가 '저런 못난 사람들도 하는데 내가 저 사람들보단 낫겠네. 어디 한번 해볼까?' 이런 생각도 사실은 했어요. 그래서 정치하고 싶은 마음도 있어요. 그런데 요즘 제가 느낀 건 '진짜 정치는 못 할 짓이다'라는 거였어요. 그렇다고 해서 제가 옛날에는 안 한다고 했다가 그렇게 나섰듯이 앞으로 제가 어떻게 될지 모르지만, 이제는 절대 안 하겠다고

말할 수는 없겠다 싶어요. 단, 제가 정치를 하게 된다면 정말 훌륭한 정치인이 되고 싶다는 정도의 생각은 해요. 제가 생각하는 훌륭한 정치인은, 상식이 통하는 정치인, 극단적으로 빠지지 않는 정치인, 그리고 항상 소시민과 약자를 먼저 생각하고 정책을 세우는 정치인이라고 생각해요.

대한민국이 엘리트만 사는 건 아니잖아요. 사람들은 엘리트를 지향하겠지만 다 엘리트가 될 수도 없고 엘리트가 될 필요도 없잖아요. 그런데 정치하는 사람들이 너무 엘리트주의적이고 일반 시민이나 약자들을 무시하고 그들을 그냥 표로만 생각하는 것 같아요. 우리가 기본적으로 나이 들어가는 것을 부끄러워하지 않고 살 수 있는 나라, 그런 나라를 만들었으면 좋겠다는 정도로만 생각해요.

정정현 : 혹시 정치인으로서 롤모델이 있으세요?

노영희 : 제가 좋아하는 정치인은 김대중 대통령이었고요. 노무현 대통령에 대해서는 참 훌륭한 사람이라고 생각하는데 그의 방법론에 대해서는 조금 생각이 달라요. 그분은

대한민국의 사회문화적 토양이 제대로 무르익지 않은 상태에서 너무 성급하게 남들보다 두 배 앞서가는 바람에 실패한 사람이라고 생각해요. 정치인은 자신이 뛰어나다고 해서 혼자 멀리 앞서가서 빨리 따라오라고 강요하면 안 된다고 봐요. 정치인이라면 다른 사람이 잘 이해할 수 있게끔, 따라올 수 있게끔 만들어가면서 끌어줘야 한다고 봐요. 그러려면 자기 상황과 상대방의 처지에서 비칠 수 있는 상황이 무엇인지를 정확히 인식해서 문제를 해결할 방법을 고민해야 하는데 노무현 대통령은 자기 신념이 옳다고 확신하니까 자신의 신념대로만 끌고 나가려고 했던 게 있었죠. 그래서 실패했다고 봐요. 사람들이 어리석어서 못 따라간 것일 수도 있지만, 지도자가 대중의 성향을 충분히 이해해서 잘 따라갈 수 있게끔 해주는 것도 지도자의 덕목이라고 생각해요. 절대적인 선과 악은 없어요. 그 누구도 절대적으로 훌륭하고 최고라고 말할 수 있는 사람은 아무도 없을 거라고 봐요. 사람들이 가지고 있는 기본적인 선 의식, 남에게 피해는 끼치지 말자는 정도로만 생각만 해서 겸손하게 정치를 하는 게 바르다고 보는 거죠.

정정현 : 어릴 때 꿈꿨던 게 이루어졌다고 생각하십니까?

노영희 : 저는 사실 어렸을 때 특별히 뭔가를 꿈꾸고 그러지는 않았었는데, 어렸을 때 사람들이 나한테 바랐던 건 선생님이 되어라, 변호사가 되어라, 이런 정도였죠. 그런데 그렇게 따지면 다 이룬 셈이죠. 대학 강사도 10년 넘게 했고 또 지금 변호사도 됐으니까. 그러니까 꿈 자체를 거창하게 꾸거나 구체적으로 생각해 본 적은 없어요. 그냥 열심히 살면 그 방향으로 저도 모르게 가고 있는 저를 발견하게 되더라는 정도인 것 같아요. 무슨 꿈을 꾸든 책을 많이 읽고 공부를 많이 해야 하는 것 같아요. 그러지 않으면 점점 자기 내면이 비어 있게 되고 원하는 바를 실질적으로 이루지도 못하게 되겠죠. 요즘은 좀 착해졌으면 좋겠다, 좀 재미있었으면 좋겠다, 내가 너무 딱딱해진 것 같다는 생각이 들어서 바꿔보려고 노력하고 있어요.

정정현 : 5년 후든 10년 후든, 장년의 모습이 어떤 모습을 생각해보신 적 있나요?

노영희 : 재미있는 동네 할머니가 되어있지 않을까 싶어요. (웃음) 지금 우리가 50대들이 다 넘었잖아요. 난 우리가 정말 힘들다고 보는 게, 저는 우리 엄마 아빠를 모시는 데 굉장히 집중하고 있어요. 전념을 다 해요. 또 내 자식들을 잘 교육하는 데도 전념을 다 했어요. 그러다 보니 내 것을 잘 못 챙기는데 우리 세대가 딱 그런 세대들이라고 생각하거든요. 그런데 아래 세대들에게는 윗사람 모시는 거에 너무 집착하지 말라고 얘기를 해주고, 저도 그들로부터 뭔가 받을 생각을 안 해요. 그렇다면 우리 세대가 앞으로 해야 할 일은 이제 우리 자신에게 집중하는 것이고 우리 세대들이 행복하게 사는 일이거든요. 그래서 우리 세대가 행복하게 사는 데에 좀 전념할 생각이에요.

저는 50대 이하 40대, 이런 사람들에 대해선 잘 몰라요. 그 사람들이 어떻게 하는 걸 좋아하는지도 제가 잘 몰라요. 거기까지는 능력이 안 돼요. 다만 제가 아는 것은 50대 이상의 사람들, 그들의 사고방식을 알아요. 그리고 그 사람들이 바로 저죠. 그렇다면 제가 원하는 방향으로 가는 것이 결국 그들을 위하는 것으로 생각하거든요. 그래서 50대 이상층, 또는 앞으로 50대가 될 사람들, 하여튼 50대에서 80대 이상까지, 이런 사람들이 남한테 피해 안 끼치고 행복하게 사는 것, 이런 쪽으로 제가 뭐든지 하고 싶어요.

예를 들면 개인적으로 유튜브 방송을 하면서 그들에게 재미있는 얘기도 해주고, 소소한 동질감을 느껴 소속감도 들게 만드는 것, 이런 것도 제가 할 수 있는 최소한의 일이라고 생각해요. 혹시 제가 정치를 하게 되면 그런 복지 정책이나 문화 정책에 신경을 많이 쓰고 싶고, 그다음에 우리가 좀 건강하게 오래 살면서 죄책감 안 느끼고 사는 게 좋잖아요. 우리 엄마 아빠를 보면 이제 늙어서 자신을 돌보지 못하니까 자식들한테 의지할 수밖에 없는데 그걸 많이 슬퍼해요. 우리의 엄마 아빠들은 돈이 있는 사람들인데도 불구하고 슬퍼하고 미안해하고 죄책감을 느끼고 하시는데, 당신들 혼자서 못 살아가는 것 때문에 화까지 나시는 것 같아요. 죄책감 느끼지 말고 그냥 당신들께서 행복하게 살게끔 해드렸으면 좋겠어요.

예를 들면 한 가족이 부모님을 모시고 사는 데 모든 에너지를 쏟지 않도록 정책을 잘 만들고 싶어요. 노인 세대를 위한 공간을 따로 만들고, 노인 세대를 위한 산업도 만들어내고, 노인 세대를 도와주는 사람들도 그런 산업을 통해 돈을 벌어 생계를 유지할 수 있도록 해주고 싶어요. 노인 세대는 그동안 열심히 살았고 열심히 세금 냈던 것을 가지고 노후에 죄책감 안 느끼고 살게끔 하고, 자기 능력으로도 편안하게 할 것하고 사람들에게도 베풀어 준다고 느끼게 하고 싶고, 가장 중요하다고 보는 게 건강관리도 잘 받을 수 있게 해야 해요. 가족들이 그런 짐을 짊어지게 하면 안 돼요. 양육과 노인 돌봄은 사회가 책임지고 하게끔 하는 사회를 만들고 싶다는 겁니다.

그리고 저는 안락사에 찬성하는 사람 중 하나예요. 사는 것에 너무 집착할 필요도 없고, 어느 정도 살았으면 저부터 제 삶을 스스로 정리할 수 있는 권리를 가지고 싶어요. 그래서 제가 스스로 편안하게 죽을 권리, 인간답게 살 권리를 저 스스로 정리하는 안락사를 합법화하는 쪽으로 만들고 싶어요.

정정현 : 굉장히 긴 시간 인터뷰를 해 주셨어요. 감사합니

다. 마지막으로 이 책을 읽을 독자분들께 드리고 싶은 말이 있다면 한마디만 부탁드리겠습니다.

노영희 : 저는 우리 독자들이 정말 고맙다고 생각하는 게, 독자가 결국은 우리 국민이거든요. 우리 국민은 대단한 국민이라고 생각해요. 저는 옛날의 제가 너무 일이 바쁘고 힘들 때, 계획을 세워서 일을 차곡차곡하지도 못했는데도 어쨌든 결과물은 만들어내던 것을 생각해봐요. 저는 그게 제가 국가로부터 교육받은 시스템의 힘이며 제가 살아온 환경의 힘이라고 생각해요. 그것이 대한민국의 힘인 것 같아요.

우리가 일제강점기를 거치고 한국전쟁도 맞게 되고, 그러고 난 다음 여기까지 오는 과정에서 우리 대한민국 사람들, 정말 열심히 살았잖아요. 그리고 우리나라처럼 이렇게 전쟁을 겪은 나라에서, 제대로 된 민주주의가 정착된 지 얼마 안 된 나라에서, 게다가 그토록 혹독한 일제강점기를 거쳤듯이, 강대국으로부터 계속해서 핍박받고 약탈당하던 국가가 지금 이렇게 꾸역꾸역 나아가고 있잖아요.

꾸역꾸역 간다는 것의 의미는 우리 국민이 스스로가 인식하지 못하는 상황 속에서도 국가가 발전하고자 하는 방향성을 향해 다들 개미처럼 가고 있더라는 의미예요. 그래서 앞서도 언급했듯이, 우리 국민이 투표할 때, 한쪽은 대통령, 다른 한쪽은 국회의원의 자리를 만들어주고 기회를 주는 것이 우리 국민의 대표적인 투표 행태라고 했잖아요. 저는 그게 정치인들보다 우리 국민이 뛰어난 점이라 생각하며 그것이 지금의 대한민국을 만들었다고 보거든요. 한국정치는 후진데 국민은 아주 훌륭한 사람들인 거예요. 그래서 저는 그 국민인 독자들께 고맙다, 국민인 당신들이 있어주어서 대한민국이 이렇게 유지되고 있다고 감사드리고 싶은 거예요. 그러니까 정치인들한테 기대하기보다는 자기 자신을 믿고 대한민국을 앞으로 어떻게 했으면 좋겠는지 스스로 생각하면서 자긍심을 갖고 살자는 이야기를 해주고 싶어요. 진심으로.

제가 생각하는 훌륭한 정치인은

상식이 통하는 정치인, 극단적으로 빠지지 않는 정치인,

그리고 항상 소시민과 약자를 먼저 생각하고

정책을 세우는 정치인이라고 생각해요.

대한민국이 엘리트만 사는 건 아니잖아요.

사람들은 엘리트를 지향하겠지만

내가 다 엘리트가 될 수도 없고 엘리트가 될 필요도 없잖아요.

정치하는 사람들이 너무 엘리트주의적이고

일반 시민이나 약자들을 무시하고

그들을 그냥 표로만 생각하는 것 같아요.

나이 들어가는 것을 부끄러워하지 않고 살 수 있는 나라,

그런 나라를 만들었으면 좋겠다는 정도로만 생각해요.

변호사 노영희

스피커 speaker

소리를 크게 하여 멀리까지 들리게 하는 기구

대한민국의 스피커들

기존의 언론 문법을 무시하고

언론의 기사 속에 숨어있는 진실을 파헤치고

더욱더 진실에 가까운 말을 전하는데

거리낌이 없는 사람들.

수십, 수백만의 국민이

알게 모르게 이들의 말에

집중하게 되고 응원하게 된다.

대한민국의 위대한 스피커들에게

감사의 말을 전하며

안중걸 화백의 한 컷의 캐리커쳐로

감사의 마음을 대신한다.

김 어 준 겸손은 힘들다

최 욱 매불쇼

정 영 진 웃다가

전 계 완 스픽스 대표

최경영 정치본색

이 명 수 서울의소리 기자

박정호 오마이TV 기자

홍사훈 기자

박진영 시사평론가

최진봉 교수, 시사평론가

서승만 개그맨

최민희 의원

전 현 희 의원

김 현 _{의원}

이 재 명 대통령 후보

노 영 희 변호사

1판 1쇄	2025년 05월 15일
지은이	노영희
인터뷰어	정정현
그림	안중걸
펴낸곳	도서출판 답
기획	손현욱
마케팅	이충우
디자인	구본희
출판등록	2010년 12월 8일 / 제 312-2010-000055호
전화	02. 324. 8220
팩스	02. 6944. 9077
ISBN	979-11-87229-86-5

이 도서의 국립중앙도서관 출판예정도서목록(CIP)은
서지정보 유통지원시스템 홈페이지(http://seoji.nl.go.kr)과
국가자료 종합목록 시스템(http://www.nl.go.kr/kolisnet)에서 이용하실 수 있습니다.